A nova geração de CEOs

JAIR RIBEIRO,
GIULIANA NAPOLITANO,
CELSO LODUCCA E
PIERRE MOREAU (ORGS.)

A nova geração de CEOs

Como jovens executivos vêm comandando grandes empresas no Brasil — e o que você pode aprender com eles

PREFÁCIO
Fábio Barbosa

APRESENTAÇÃO
Giuliana Napolitano

INTRODUÇÃO
Jair Ribeiro, Celso Loducca e Pierre Moreau

PORTFOLIO
PENGUIN

A Portfolio-Penguin é uma divisão da Editora Schwarcz S.A.

PORTFOLIO and the pictorial representation of the javelin thrower are trademarks of Penguin Group (USA) Inc. and are used under license. PENGUIN is a trademark of Penguin Books Limited and is used under license.

Grafia atualizada segundo o Acordo Ortográfico da Língua Portuguesa de 1990, que entrou em vigor no Brasil em 2009.

CAPA Alceu Chiesorin Nunes
PROJETO GRÁFICO Tamires Cordeiro
PREPARAÇÃO Leny Cordeiro
REVISÃO Márcia Moura e Isabel Cury

Dados Internacionais de Catalogação na Publicação (CIP)
(Câmara Brasileira do Livro, SP, Brasil)

A nova geração de CEOs : Como jovens executivos vêm comandando grandes empresas no Brasil — e o que você pode aprender com eles. / Jair Ribeiro, Giuliana Napolitano, Celso Loducca e Pierre Moreau (orgs.) ; prefácio Fábio Barbosa ; apresentação Giuliana Napolitano. — 1ª ed. — São Paulo : Portfolio-Penguin, 2018.

ISBN 978-85-8285-076-3

1. Administração de empresa 2. Executivos - Formação 3. Formação profissional 4. Liderança 5. Liderança - Treinamento 6. Líderes I. Ribeiro, Jair. II. Napolitano, Giuliana. III. Loducca, Celso. IV. Moreau, Pierre. V. Barbosa, Fábio.

18-18748 CDD-658.4092

Índice para catálogo sistemático:
1. Liderança organizacional : Administração executiva 658.4092

Iolanda Rodrigues Biode - Bibliotecária - CRB-8/10014

[2018]

EDITORA SCHWARCZ S.A.
Rua Bandeira Paulista, 702, cj. 32
04532-002 — São Paulo — SP
Telefone: (11) 3707-3500
www.portfolio-penguin.com.br
atendimentoaoleitor@portfolio-penguin.com.br

SUMÁRIO

PREFÁCIO

Dar certo, fazendo a coisa certa do jeito certo

Fiz minha carreira trabalhando com muitos números, na área financeira de empresas e depois como presidente de banco. No entanto, o que sempre me motivou mesmo foram as pessoas. O que aprendi em todos esses anos é que o mundo não é cartesiano, pois as pessoas são muito mais complexas — e, exatamente por isso, maravilhosas. Por meio das histórias contadas neste livro, vocês vão perceber que, não importa a formação dos profissionais — engenheiros, administradores, advogados —, a gestão de pessoas é sempre um desafio. Ao mesmo tempo, a beleza da gestão é poder trabalhar com gente e entender suas motivações, suas frustrações, suas habilidades, seus sonhos.

Entender e gerenciar as necessidades, os desejos e os anseios de cada um não é uma tarefa simples. Mas também é preciso lembrar que cada um é responsável pelo seu projeto de vida, seja sua carreira, seja seu empreendimento. Não podemos nem devemos delegar essa função aos outros. Certa vez, um executivo holandês comentou comigo sobre determinadas características do meu estilo gerencial que poderiam ser aperfeiçoadas. Eu respondi que nós nunca iríamos nos entender, pois tínhamos diferenças de objetivos. E disse a ele: "Você quer que eu seja um executivo melhor, mas eu quero primeiro ser uma pessoa melhor". Uma boa pessoa é a base para um bom profissional.

Em relação a qualquer evolução na carreira, vocês vão perceber que o ponto de convergência das histórias aqui presentes é o fato de serem calcadas em valores. Todos devem ter e conhecer os seus. Sem falar dos valores universais, como ética e respeito, que eu sempre ilustro com a frase: "Não fazer nada que não possa ser contado na mesa de jantar com os filhos". A questão não é alcançar um posto cada vez mais alto. A questão é ir tão longe quanto possível, progredir sem abrir mão dos seus valores, sem transigir.

Quando comecei a trabalhar em banco, passei a falar uma frase que logo se tornou o meu mantra: "O jogo é duro, mas é na bola, e não na canela". Manter a coerência nas atitudes, nas pequenas coisas, é o que há de mais importante. O comportamento não pode se desconectar das palavras. O escritor e filósofo americano Ralph Waldo Emerson resumiu essa ideia com acerto: "O que você faz fala tão alto que eu não consigo ouvir o que você diz". No final, o que conta é aquilo que você faz.

Em 1998, com a fusão entre os bancos Real e ABN AMRO, acreditei que tinha em mãos uma grande oportunidade. Naquele momento, fiz uma reflexão importante. Se eu havia chegado a essa posição na carreira sem jamais abrir mão de minhas convicções e estava sendo bem-sucedido profissionalmente, achei que valia a pena falar disso. Apesar da timidez, era meu papel vir a público e mostrar que é um falso dilema a noção de que não se pode fazer bons negócios e, ao mesmo tempo, respeitar as pessoas, o meio ambiente e a sociedade. Eu digo e repito que é possível dar certo fazendo as coisas certas, do jeito certo. Por isso, tenho um enorme prazer em aceitar convites para falar com os jovens em início de carreira, pois eles precisam ver que o caminho é árduo, mas é possível trilhá-lo, e que eficiência e ética podem caminhar de mãos dadas. Essa é a causa pela qual me propus a lutar. Não me surpreendi ao ver que eram muitos os que compartilhavam essa visão, mas careciam de referências. Necessidade que este livro, tão recheado de bons exemplos, vem solucionar.

Felizmente, a cultura da vantagem e do "jeitinho" está em baixa no Brasil de hoje. No entanto, em razão dessa cultura que persistiu durante tanto tempo, muita gente ainda acredita que é preciso transigir para dar certo na vida, que é "assim mesmo". E é isso que me tira da cama todos os dias: não é assim mesmo, não precisa ser assim mesmo, se a gente não quiser que seja assim mesmo. A carreira de executivos e empresários que fazem parte deste relato tem provado justamente o contrário.

Esse sentimento, ou *Zeitgeist* (espírito do tempo), como diriam os alemães, está em linha com o que os jovens profissionais de hoje buscam. Eles querem mais do que um lugar onde possam desenvolver suas habilidades. Estão em busca de significado. Querem lugares que pratiquem os mesmos tipos de valores em que acreditam.

Há quem creia que a felicidade equivale à ascensão profissional. Eu provoco, dizendo o contrário: a ascensão profissional acontece para quem tem disciplina e se prepara, para quem faz o que gosta e age de acordo com seus valores. Ou seja, para quem está preparado, tem um objetivo e é feliz. Michael Jordan sempre dizia que, durante o jogo, ele mantinha os olhos na bola, porque o placar era consequência. Na vida também é assim. Por vezes permanecemos no autoengano, muito preocupados com os resultados, quando o foco deveria estar nas nossas ações. A ascensão profissional é consequência natural de quem tem talento para fazer bem-feito o que se propôs a fazer, assim como ocorreu com várias pessoas retratadas aqui.

A vida está muito mais para uma maratona do que para uma corrida de cem metros. Nas histórias narradas neste livro, vocês vão perceber que todos enfrentaram obstáculos, alguns reveses, se depararam com dúvidas pelo caminho, mas todos tiveram um traço em comum: a perseverança. Não significa ter todas as respostas, ao contrário. O que faz diferença é saber o seu foco e ter flexibilidade para se adaptar aos contextos que surgem. Ouso dizer que talvez essa seja a habilidade mais necessária nos tempos atuais e futuros.

Além da gestão e dos valores, outro ponto abordado pelos executivos é a atração de talentos. Eu, particularmente, acredito que pessoas satisfeitas consigo mesmas conseguem fazer coisas extraordinárias. É um ciclo virtuoso que começa com a satisfação pessoal.

Apesar de assumirmos diversos papéis ao longo do dia, somos uma pessoa só que tem desejos, sonhos, frustrações, e que traz essa bagagem para o ambiente profissional. No final do dia, o que conta é a satisfação com o que se está desempenhando. Se a pessoa estiver feliz, isso é bom para ela e bom para a empresa, porque ela terá feito o melhor trabalho possível.

Vivemos um período de grandes mudanças, o que significa que temos uma enorme oportunidade de ser protagonistas de uma fase rica em transformações. Pessoalmente, percebi o grande valor que existe na diversidade, pela questão da riqueza de ideias. Várias histórias de vida diferentes favorecem a criação de novas e mais abrangentes maneiras de pensar, que contribuem para o desenvolvimento da sociedade como um todo. Alguns podem achar repetitivo — eu diria que isso é coerência. É o enriquecimento por meio do diálogo, da flexibilidade e da promoção da diversidade que permitirá construir nossos caminhos e fortalecer as relações.

Às vezes, ao analisar um projeto de sucesso iniciado há muitos anos, a retrospectiva faz com que as decisões tomadas pareçam muito mais fáceis, obscurecendo o contexto de todas as incertezas da época. Vemos nas histórias aqui contadas que não é fácil implementar mudanças ou um novo jeito de pensar, mas é preciso acreditar que é possível. Todos nós aprendemos muito, e erramos muito também. Fizemos e refizemos. Mas nunca deixamos de lado a certeza de que era possível. Acreditar no que está sendo feito pode ser tão importante quanto as habilidades de um executivo.

E isso vale para tudo. A construção de uma sociedade se faz a partir das atitudes e dos valores dos seus cidadãos. O Brasil, a sociedade e a carreira de cada um dependerão de nossas ações e de nossas omissões.

Nas histórias dos executivos que compõem este livro, vocês perceberão que os valores são imprescindíveis e o ponto de partida para todos. Mas cada um desenvolveu sua carreira a partir de suas conjunturas e seus pontos de vista. Ao longo do tempo, muitas chances certamente aparecem e nós fazemos escolhas, que definirão novas oportunidades, que por sua vez demandarão outras escolhas. Oportunidades e escolhas são o encadeamento desse processo que se torna a vida de cada um. Assim, parece clara a importância de refletir antes de fazer escolhas. Vale ouvir a tal voz interior e buscar fazer o que se gosta e o que se alinha com nossas aptidões, pois dessa maneira tudo fica mais fácil. O crescimento profissional é simples consequência. Afinal, como dizia Gandhi, "não há caminho para a felicidade; a felicidade é o caminho".

FÁBIO BARBOSA
Conselheiro do Itaú-Unibanco e da Natura e presidente do conselho da Orquestra Sinfônica do Estado de São Paulo (Osesp). Foi presidente dos bancos Real e Santander, da Febraban e do grupo Abril

APRESENTAÇÃO

O bilionário americano Warren Buffett, tido como um dos maiores investidores da atualidade, é conhecido por disparar frases de efeito. Uma vez, disse que gostava de investir em negócios que qualquer idiota poderia comandar, porque, um dia, algum idiota faria isso. O argumento era que, se a empresa fosse realmente sólida, ou fizesse parte de um setor promissor, poderia manter-se rentável mesmo que seu presidente não fosse lá essas coisas. Recentemente, porém, Buffett — um senhor de 88 anos que passou as últimas cinco décadas comandando uma muito bem-sucedida empresa de investimentos, a Berkshire Hathaway — mudou de ideia. Numa de suas concorridas reuniões com investidores, ele disse que havia feito um ajuste em sua estratégia e também estava se especializando em encontrar empresas bem geridas para investir. Motivo: o mundo está mudando, e algumas companhias precisam de um comando de alto nível para conseguir bons resultados.

Identificar esses executivos acima da média é um desafio à parte. A história mostra que o selo de bons CEOs pode ser transitório. Um presidente excepcional pode revelar-se um desastre num setor diferente, ou quando o mercado em que atua muda. Nem sempre o sucesso tem a ver com a formação desses profissionais, mas com sua postura e identificação com os objetivos, a cultura e o momento das empresas.

Tendo tudo isso em mente, Jair Ribeiro, Celso Loducca e Pierre Moreau organizaram um curso que reuniu alguns dos principais jovens CEOs do país na Casa do Saber, em São Paulo, em 2017. O objetivo do curso era mostrar a trajetória desses executivos e suas experiências no comando de grandes empresas. Eles falaram sobre conquistas, acertos e erros, e contaram como superaram desafios, profissionais e pessoais. Onze deles toparam ter suas histórias relatadas neste livro. Depois do curso, decidimos incluir um personagem que foi ganhando evidência, Alex Szapiro, presidente da Amazon no Brasil. Os profissionais também foram posteriormente entrevistados por mim, e seus depoimentos, em primeira pessoa, compõem este livro.

O interessante desta seleção é que ela reúne executivos de setores diferentes — automotivo, de aviação, consumo, construção, educação, energia, publicidade, tecnologia e varejo —, com origens, formações e opiniões distintas e que tiveram desafios únicos ao longo da carreira. Num depoimento muito interessante, Ana Theresa Borsari, diretora-geral das montadoras Peugeot e Citroën no Brasil, conta como rompeu barreiras para se tornar a primeira mulher a chefiar uma das divisões da companhia na Europa. Andre Dorf, presidente da CPFL Energia, comprada pela gigante chinesa State Grid, diz como a empresa está mudando com a entrada dos novos sócios. Ele também afirma que é preciso se preparar para uma futura transformação do mercado, quando os consumidores poderão escolher que tipo de energia usar (solar, eólica, elétrica) e de quem comprar. O empreendedor Paulo Veras fala sobre as empresas que criou desde que se formou — algumas deram certo, outras não — e como isso foi importante para o sucesso do aplicativo de transportes 99, startup que ele fundou com outros dois sócios, e acabou sendo comprada por uma empresa chinesa, a DiDi. O valor da venda para a DiDi não foi divulgado, mas comenta-se que a 99 foi avaliada em 1 bilhão de dólares, o que a transformou num dos poucos unicórnios brasileiros (como são chamadas as startups que valem mais de 1 bilhão de dólares).

No setor de educação, duas empresas acabaram se unindo entre o curso na Casa do Saber e a edição deste livro — em abril de 2018, a Kroton, maior empresa de educação do país, com mais de 1 milhão de alunos, comprou a Somos, líder em educação básica, por quase 5 bilhões de reais. Eduardo Mufarej, que era CEO da Somos, deixou o cargo pouco antes da compra para se dedicar ao RenovaBR, iniciativa dele para ajudar a preparar futuros candidatos a cargos políticos no Brasil.

Os críticos da Kroton costumam dizer que a empresa dá mais importância à escala e à rentabilidade do que à qualidade do ensino. Rodrigo Galindo, presidente da empresa, rebate as críticas e mostra como, com tecnologia, está melhorando o nível educacional de pessoas que já estão no mercado de trabalho — muitos dos alunos da Kroton trabalham. Galindo e outro herdeiro, Frederico Trajano, CEO da rede de varejo Magazine Luiza, têm muito a contar sobre a transformação digital que estão fazendo nas empresas que comandam. No Magazine, esses investimentos explicam boa parte da impressionante valorização das ações: de janeiro de 2016, quando Trajano assumiu a presidência, a junho de 2018, os papéis da empresa subiram cerca de 5000%.

Todos os entrevistados falam ainda sobre os modelos de gestão que adotam nas empresas que comandam: como fazem planejamento estratégico, como definem metas, qual é o sistema de remuneração variável e que tipo de cultura querem disseminar. Alguns mudaram o modelo, ou certos aspectos dele, e explicam por que fizeram isso.

Ao editarmos o livro, imaginamos que o conteúdo deveria ser útil para outros executivos, que podem aprender com o que deu certo em outras empresas — e com o que deu errado —, e também para quem está definindo os rumos da carreira. Os doze entrevistados contam por que escolheram suas profissões e as empresas em que trabalham, e o que aprenderam de mais valioso ao longo do caminho. São histórias bastante inspiradoras.

Aproveitem!

GIULIANA NAPOLITANO

INTRODUÇÃO

Como se tornar uma referência no mundo corporativo e assumir um cargo de liderança? Essa questão tem sido alvo constante de estudos e discussões, diante do objetivo comum almejado por grande parte das pessoas ao longo de sua trajetória profissional: sucesso e reconhecimento.

Um dos cargos de liderança de maior importância em uma empresa é ocupado pelo Chief Executive Officer, conhecido pela abreviação "CEO", a quem cabe montar a equipe e conduzir a execução da estratégia da companhia, fazendo um diagnóstico do presente e do cenário futuro, entregando o que se espera dele. Os CEOs da nova geração, diante da nova realidade de mudanças mais aceleradas, vivem sob pressão para aplicar conceitos inovadores de gestão, agregando conhecimento e técnicas transformadoras às empresas, prática imprescindível para alcançar e manter uma liderança empresarial consistente e sólida.

Num mundo em que a figura da liderança ganha destaque na condução dos negócios, seja no âmbito das grandes corporações, seja no caso das empresas em fase inicial que exploram atividades inovadoras — as startups —, compreender as ferramentas das quais um líder deve lançar mão para uma gestão eficiente, inteligente e ética é condição sine qua non.

Foi com base nestas premissas centrais, ou seja, "compreensão das ferramentas" e "gestão eficiente, inteligente e ética", que desenvolvemos o curso "Nova Geração de CEOs", realizado na Casa do Saber, mediante encontros nos quais foi apresentada a trajetória de cada convidado. A formação e a experiência, aliadas a novas filosofias, maneiras de enxergar o mercado e estratégias de gestão, transformaram cada um em referência em diferentes aspectos da liderança — montando empresas a partir do zero, fazendo reestruturações, explorando novos mercados, lidando com crises, inovando, superando os concorrentes. Cada encontro trouxe uma visão diferente sobre como lidar com as dificuldades, transpor barreiras e guiar uma grande empresa na direção do sucesso.

Nosso objetivo foi tentar revelar o que explica o sucesso de alguns dos novos líderes e demonstrar que uma empresa não se desenvolve ou muda da noite para o dia. A trajetória desses profissionais também deixou claro que, para começar uma carreira de CEO, não é imprescindível ter uma vasta experiência, mas muito investimento de tempo, força, estudo, persistência, adaptação a novos ambientes e pessoas e, principalmente, garra.

Além disso, o curso quis atacar a ideia de que só existe um caminho para o sucesso no mundo empresarial. O topo não está destinado apenas àqueles que já têm um poder aquisitivo e idade considerável e que, portanto, poderiam se arriscar e persistir nesse meio. Com este livro, temos a oportunidade de encontrar pessoas de sucesso em suas áreas e entender como chegaram até lá, vendo a importância do estudo e da dedicação dos jovens. A partir daí, buscamos definir os entrevistados. Procuramos a nova geração de gestores que tiveram bom desempenho com consistência, credibilidade e perseverança.

Entrevistamos alguns dos CEOs que iniciaram suas carreiras cedo e que alcançaram o sucesso rapidamente com muito estudo, inovação e adequação a novas ideias, pessoas e culturas. São eles: Ana Theresa Borsari, CEO das marcas de automóveis Peugeot, Citroën e DS no Brasil; Andre Dorf, CEO da CPFL; Carlos Jereissati Filho, CEO da Iguatemi Empresa de Shopping Centers — IESC; Eduardo Fischer, copresidente da incorporadora MRV; Eduardo Mufarej, ex-CEO da Somos Educação; Frederico Trajano, CEO da varejista Magazine Luiza; Márcio Santoro, copresidente da Agência África; Paula Bellizia, CEO da Microsoft Brasil; Paulo Kakinoff, CEO da Gol Linhas Aéreas; Paulo Veras, fundador da 99; e Rodrigo Galindo, CEO do Grupo Kroton Educacional. Depois do curso, decidimos incluir Alex Szapiro, presidente da Amazon no Brasil.

Podemos perceber pontos em comum nas histórias contadas, apesar das diferenças e particularidades. É nítida a presença de uma visão inovadora tanto no aspecto intelectual quanto no planejamento, bem como um novo conceito de liderança, o que pode ser resumido por Andre Dorf em sua entrevista: "O que forma líderes não é a decisão, mas, sim, o processo decisório".

Uma característica comum aos jovens CEOs cujas entrevistas integram este livro é a convicção de liderar com base nas qualidades pessoais de cada um, estudando e aprendendo novas técnicas, buscando valorizar a consistência e a credibilidade, além da comunicação e da sintonia entre as equipes. Ressaltaram a importância e o desafio de sempre estarem atentos às novas tecnologias e, principalmente, aos desejos e necessidades dos clientes.

A comunicação foi um tema debatido nas entrevistas, tratado como de suma relevância nas empresas, tendo a necessidade de unificar a linguagem de cada patamar e área. Outra característica apontada nas entrevistas foi a valorização do sistema de gestão de pessoas, o qual pode ser evidenciado na frase de Paulo Veras: "A motivação precisa ser intrínseca, as pessoas têm de acreditar no propósito da companhia".

Outro desafio na vida dos CEOs é lidar com as diferentes culturas e regiões em que são designados para liderar, sendo um dever constante se adaptar às pessoas e saber modificar o que não está de acordo com as necessidades daquele momento.

Neste livro, podemos conhecer um pouco da trajetória de cada CEO, o percurso profissional, o estilo de cada gestão, como são definidas as estratégias e também os planos de ação e a necessidade de se adaptar quando algo não sai como planejado (o que não é incomum no Brasil). Os novos líderes têm buscado unir inovação e impacto social, o que obriga a rever paradigmas considerados insuperáveis.

Boa leitura!

JAIR RIBEIRO, CELSO LODUCCA E PIERRE MOREAU

1. Alex Szapiro

PRESIDENTE DO SITE DE COMÉRCIO ELETRÔNICO AMAZON NO BRASIL

Formado em marketing na Fundação Armando Alvares Penteado (Faap), em São Paulo, Szapiro trabalhou apenas seis meses na área, ainda na faculdade. Migrou para o mercado financeiro, trabalhou nos bancos Garantia e Citibank e, em 1996, foi para a fabricante de celulares Motorola, onde ocupou diferentes cargos. Depois de três anos, foi para o site de comércio eletrônico Submarino e, em 2002, recebeu convite para montar a operação da empresa de tecnologia Palm no Brasil. De 2007 a 2012, presidiu a Apple no país, período em que a companhia inaugurou dezenas de lojas de revendedores autorizados. Desde 2012, comanda o escritório da Amazon no Brasil. Tem 47 anos, é casado e pai de três filhos.

Um peixe fora d'água

Resolvi estudar marketing, na Faap, em São Paulo, porque não sabia direito o que queria fazer e achava que tinha um lado criativo. Consegui meu primeiro estágio, ainda no primeiro ano de faculdade, em 1989, por causa de um programa de entrevistas que o Jô Soares fazia no SBT, o *Jô Soares Onze e Meia*. Fui a uma das gravações, e a entrevistada era a Christina Carvalho Pinto, que na época presidia no Brasil a americana Young & Rubicam, uma das maiores agências de publicidade do mundo. Quando acabou a entrevista, com a maior cara de pau — aliás, sempre tive cara de pau e acho que isso ajudou muito a minha carreira —, fui falar com ela e pedi um emprego. Ela me deu um contato na agência e disse para eu ligar e falar que queria um estágio. Passei um mês ligando, insistindo, até que me deixaram trabalhar — de graça. Só ganhava o vale-refeição. Eu pagava para trabalhar, porque ainda tinha o custo do transporte. Mas foi uma experiência fantástica, especialmente porque me mostrou que eu não queria trabalhar com aquilo.

Acho que, no Brasil, as pessoas entram cedo demais na faculdade. É precipitado decidir o que fazer aos dezessete anos. Em Israel, por exemplo, os jovens escolhem o que vão estudar perto dos 25 anos. É claro que a realidade é diferente: lá existe o serviço militar obrigatório, de três anos. Mas muitos acabam saindo do Exército para viajar pelo mundo, e só então vão para a faculdade. Como nosso sistema é diferente, entrar rápido no mercado de trabalho acaba sendo uma vantagem, porque ajuda a mostrar se você escolheu a carreira certa — e, se não escolheu, dá tempo de fazer ajustes. Fiquei apenas alguns meses na Young & Rubicam e meu segundo emprego foi numa área totalmente diferente: fui para o banco Garantia.[1] Um amigo operava em bolsa no banco e me indicou. Eu era liquidante, ou seja, responsável por registrar e concluir as operações financeiras. Era como um office boy de luxo. Essa função nem existe mais, porque hoje o sistema é eletrônico.

Sentava a três mesas do Jorge Paulo Lemann, fundador do Garantia, e fiquei maravilhado. O banco era formado por pessoas muito jovens, que tinham grandes responsabilidades muito cedo, e era totalmente baseado na meritocracia. Quem gerava resultado ganhava dinheiro, não importava o cargo. Passei cinco meses no Garantia. Como eu ainda estudava marketing, fiquei na dúvida se deveria se-

1 O banco Garantia, fundado na década de 1970, foi comandado por Jorge Paulo Lemann junto com dois sócios principais, Marcel Telles e Beto Sicupira. Em 1998, foi comprado pelo banco Credit Suisse.

guir uma carreira no mercado financeiro ou trabalhar em algo relacionado à minha área, ainda que não fosse uma agência de publicidade. Decidi fazer um intercâmbio e fiquei dois meses fora do Brasil, em Delaware, nos Estados Unidos, estudando inglês. Fiz outros estágios, mas os que mais me marcaram foram o da Young & Rubicam e o do Garantia.

Quando me formei, em 1992, enfiei na cabeça que queria ser trainee de uma de duas empresas famosas por sua força em marketing, Procter & Gamble ou Unilever. Acabei não sendo chamado em nenhuma das duas, mas entrei no Citibank como trainee. Era um programa em que se inscreviam uns 20 mil candidatos, e apenas vinte eram escolhidos. Fui selecionado, mas me sentia um peixe fora d'água, porque estava cercado por engenheiros, muitos formados por faculdades de ponta, como o Instituto Tecnológico de Aeronáutica (ITA) e a Escola Politécnica, da Universidade de São Paulo. Mas um aspecto que considero bastante interessante para a evolução da carreira, e sempre falo isso para o pessoal mais novo, é ficar exposto a coisas novas, mesmo que você não se sinta pronto a fazer. Desde que tenha a vontade e o interesse em aprender. É um desafio e pode ser um aprendizado imenso.

O programa de trainee do Citi durava vários meses e contava com uma parte formal de educação. Tínhamos aulas com executivos de fora do Brasil sobre finanças. Eu fui trabalhar com leasing, incluindo desde grandes máquinas, frotas de caminhões até aviões.[2] Não sabia nada sobre isso e não tinha Google para pesquisar. Tinha de perguntar. Acabou dando certo e foi maravilhoso. Eu era recém-casado, queria crescer na carreira, então me dedicava muito a essa vida corporativa. Depois de um tempo, trabalhei na tesouraria do banco e na área de empréstimos para grandes empresas. Uma das companhias que atendia era a Motorola, fabricante de celulares, que estava montando uma operação no Brasil. Comecei a ajudá-los e fui um pouco além do que esperavam de mim. Acho que por isso fizeram

2 O leasing é um tipo de contrato de locação em que o banco compra um bem e o aluga, por prazo determinado, para um cliente.

uma oferta para eu ir trabalhar lá. Depois de três anos no Citi, em 1996, fui para a Motorola. Lá, eu tive várias carreiras. Comecei na área financeira, depois fui para a área de novos negócios, e comecei a ser fisgado pela tecnologia.

Naquela época, o maior negócio da Motorola era o pager, aquele dispositivo para o qual se podia enviar mensagens curtas. Mas a tecnologia do SMS já existia, então a empresa sabia que o pager, do jeito que funcionava, ia acabar morrendo. Minha função era testar usos diferentes para o pager. Um dos projetos que fiz foi colocar pagers em automóveis. As seguradoras ofereciam isso. Se um carro fosse roubado e tivesse pager, o proprietário podia enviar uma mensagem para o dispositivo e, depois de alguns dias, o automóvel parava de funcionar. Outro projeto foi relacionado ao setor de energia elétrica. No fim dos anos 1990, havia um pico de uso de energia entre as seis da tarde e as nove da noite porque todo mundo ligava o chuveiro elétrico, então as tarifas eram mais altas nesse horário. Hoje não funciona mais assim porque a utilização de chuveiros a gás aumentou bastante. Mas, na época, para ajudar quem quisesse economizar, criamos um pager que podia ser instalado nos chuveiros elétricos para impedir que eles funcionassem em determinados horários. Uma solução não muito simpática, mas que ajudava quem estivesse disposto a trocar o horário do banho (ou tomar um banho gelado) para ter uma tarifa mais baixa de energia.

Vontade de começar de novo

Na Motorola, virei diretor aos 28 anos, ganhei carro da empresa, tinha status. Mas, depois de um tempo, comecei a ficar irrequieto. Acompanhava o boom das empresas de internet e passei a querer trabalhar com isso. Em 1999, li uma nota de jornal que dizia que o fundo de *private equity* GP Investimentos havia comprado uma empresa de comércio eletrônico chamada Booknet. Achei sensacional e resolvi mandar uma carta para o Antonio Bonchristiano, que comandava a GP na época. Carta mesmo: contratei um motoboy, coloquei meu currículo junto e enviei. Escrevi algo assim: "Antonio, meu nome é Alex Szapiro, já trabalhei no Garantia, adoro a cultura da GP e quero trabalhar com internet, é o meu sonho". Três dias depois, a secretária dele ligou e marcamos uma conversa. Ele perguntou o que eu gostaria de fazer, eu disse que queria cuidar do planejamento de novos negócios, e fechamos. Pedi demissão da Motorola quatro dias depois. Muita gente me chamou de louco. Fui um dos primeiros funcionários da Booknet, empresa que se tornou o Submarino.

No Submarino, eu cuidava de tudo que não tinha a ver com o dia a dia da empresa. Minha equipe montou a primeira loja de MP3 on-line no Brasil. Também montamos uma loja on-line de livros e documentos raros. Escaneávamos cartas do Santos Dumont, do Freud. Além disso, trabalhei na Argentina, na Officenet, uma empresa de materiais de escritório que o Submarino comprou no ano 2000. Eu cuidava da parte de novos negócios e vendas corporativas e o CEO era o Martín Escobari, que em 2018 era executivo do fundo General Atlantic. Nosso objetivo era transformar um negócio de catálogo numa empresa de internet, e lançar a Officenet no Brasil, o que aconteceu. Mais tarde, a Officenet foi comprada pela Staples, uma companhia americana do mesmo ramo. Fiquei três anos no Submarino/Officenet.

Em 2002, fui convidado para montar a operação da empresa de tecnologia Palm no Brasil. Na época, o principal negócio da empresa era fabricar um dispositivo, o Palmtop, que era uma espécie de precursor dos smartphones. Para baixar os custos, sugeri montar uma fábrica da Palm no Brasil, o que foi feito. Fiquei cinco anos na Palm. Em 2007, um ex-chefe meu na Palm foi comandar a Apple na América Latina e me chamou para montar a operação da empresa no Brasil. Na verdade, a Apple já existia aqui, mas em "banho-maria". Tinha um escritório de quatro pessoas. Fui chamado para desenvolver o canal de varejo. Ou seja, passar a vender em grandes lojas, porque, naquela época, era difícil encontrar produtos da Apple. Na primeira semana, lembro que fui visitar os varejistas e muitos nunca tinham ouvido falar do Mac, o computador da Apple. E os que conheciam não eram fãs, porque o computador era caro, não vendia bem e havia problemas de logística, de produtos não entregues. O iPhone havia sido anunciado, mas não lançado, e várias pessoas criticavam. Diziam, por exemplo, que ninguém usaria um telefone sem teclado. Fomos corrigindo os problemas, e o sucesso do iPhone ajudou bastante a marca.

A Apple é uma empresa fantástica e tive anos incríveis, mas uma vez que já tinha realizado muitas coisas — como ajudar a lançar o iTunes, arrumar o canal de varejo, ajudar no lançamento da Online Store —, o foco estava apenas na execução, e não havia muito espaço para inovar. O faturamento já havia se multiplicado por mais de cinquenta e a empresa tinha mais de uma centena de pontos de vendas com a experiência Apple, como as revendas Apple Premium e Apple Shops. Assim, o negócio ficou mais estável. Vi que não havia mais tantos desafios e que meu espaço para agir estava limitado. Decidi que não queria mais continuar ali e comecei a procurar empresas em que gostaria de trabalhar. A que me encantava era a Amazon, que não tinha uma operação no Brasil. Aí a história se repetiu um pouco. No começo de 2012, mandei um e-mail — já não era mais carta — para Diego Piacentini, que, na época, era vice-presidente responsável por varejo internacional da Amazon.[3] Escrevi mais ou menos o seguinte: "Meu nome é Alex Szapiro e trabalho na Apple. Não entendo por que a Amazon não está no Brasil, já que tem tudo a ver com o mercado local. Também acho que tem tudo a ver comigo". Propus fazer uma joint venture, sabia que ele não ia aceitar, mas quis deixar claro que estava disposto a investir na Amazon aqui. Ficamos conversando por uns seis meses até que, um dia, ele me disse que a Amazon estava pronta para lançar o Kindle, a loja de conteúdo de livros digitais e o leitor digital, no Brasil. Era um negócio muito menor do que o que eu tocava na Apple, mas topei. Novamente, abri mão de status e remuneração, mas era o que queria. Quem pensa muito em status não consegue empreender.

---

3 Em 2016, ele anunciou que tiraria uma licença para trabalhar gratuitamente para o governo italiano, coordenando o escritório digital do primeiro-ministro.

"Nunca discuti um resultado trimestral"

A Amazon é o lugar em que me sinto mais em casa. Os valores da empresa são muito semelhantes aos meus. Jeff Bezos, fundador da companhia, publica periodicamente cartas aos acionistas em que discute temas relevantes para o futuro da empresa e do mercado de internet e consumo. Numa delas, criticou o que chama de *one size fits all*, ou seja, um estilo único de tomada de decisões. Na Amazon, cada subsidiária pode atuar de um jeito um pouco diferente para atender melhor às necessidades dos clientes locais. O objetivo central é o mesmo: ter uma ampla oferta de produtos e entregá-los com o máximo de conveniência aos clientes, mas a maneira de atingi-lo pode variar dependendo do país. Um exemplo é o que acontece na Índia. É muito difícil entregar produtos em alguns endereços do país — muitas pessoas nem têm CEP —, então a Amazon fez um trabalho de transformar pequenas lojas em regiões remotas em "*pick up points*", locais em que os clientes podem retirar o que compraram.

O Brasil também tem suas particularidades. Temos um número muito pequeno de livrarias. Há cidades com 300 mil habitantes sem livrarias. Além disso, em relação à renda da população, os livros são caros. Quando a Amazon passou a oferecer os livros digitais aqui, via Kindle, contribuímos para resolver dois problemas: o acesso ficou mais fácil — em sessenta segundos, a pessoa pode começar a ler vários títulos — e o preço é mais baixo. Além disso, aumentou muito o número de autores publicáveis, já que a Amazon permite a autopublicação, pela ferramenta Kindle Direct Publishing, conhecida como KDP. Em 2018, trinta dos cem livros mais vendidos na Amazon no Brasil eram autopublicados. Acreditamos muito no mercado de livros.

Não acho que o Brasil tenha um problema de logística. É claro que há países mais e menos complexos para operar, e o Brasil não é simples, mas a tecnologia está aí para ajudar a superar dificuldades. Na Índia e na Europa, por exemplo, oferecemos um sistema às empresas que vendem seus produtos pela Amazon. Se elas adotam o sistema, a Amazon é capaz de acompanhar o estoque e ir direto ao depósito, pegar o produto e fazer a entrega. Com nossa expertise, conseguimos melhorar o serviço prestado ao consumidor. Temos centenas de pessoas trabalhando no projeto de drones da Amazon, que já está em teste comercial no Reino Unido. Escolhemos os drones porque parecem mais uma maneira de entregar de forma rápida e conveniente. Mas, amanhã, pode surgir outra tecnologia e vamos estudar, avaliar e, por que não, experimentar. Sempre me perguntam se o consumidor brasileiro é diferente do asiático ou do europeu. Sem dúvida existem diferenças nos tipos de produtos que eles compram, mas o que eles esperam ter na hora de comprar é igual. Todos querem encontrar o que buscam, receber rapidamente, ter mais conveniência e preços justos. Além disso, nunca estão satisfeitos: sempre que chegamos a um patamar, querem mais produtos, mais baratos e com melhor conveniência.

O objetivo comum de todos os funcionários da Amazon, aqui e no exterior, é melhorar a vida do consumidor. Não existe diferença entre o modelo de negócios da Amazon no Brasil e nos Estados Unidos. A maneira como atuamos, nossos princípios, os problemas que queremos resolver, a forma como contratamos, a cultura da empresa — é tudo exatamente igual. A história da empresa aqui começou com o Kindle, em seguida vieram os livros físicos, o marketplace de livros, depois o marketplace de produtos eletrônicos e de cozinha, a TV e o Prime Video. Mas, ao mesmo tempo que temos essa obsessão de fazer coisas certas para os nossos clientes, não temos pressa. A visão da companhia, desde a fundação, sempre foi de longo prazo.

Estou na empresa há quase seis anos e nunca discuti um resultado trimestral. É claro que falamos sobre vendas e rentabilidade, mas o que avaliamos a fundo é se temos os produtos que os clientes estão buscando e se estamos conseguindo entregar cada vez mais rápido. E isso não muda de trimestre para trimestre. É uma evolução contínua, cujo objetivo é melhorar a experiência do consumidor.

Ainda assim, fazemos todos os anos nosso planejamento estratégico para os próximos três a cinco anos, porque ele pode mudar dependendo das metas que estabelecemos e do que conseguimos atingir. Discutimos, ainda em 2018, por exemplo: nossos objetivos para 2020 estão acertados? É aqui mesmo que quero estar? Se sim, é nisso que tenho de investir? No próximo ano, algum ajuste pode ser necessário. É preciso estar aberto a rever os próprios planos. O interessante é que o planejamento sai do Brasil e vai para a matriz, nos Estados Unidos, e não o contrário. Não quer dizer que todos os investimentos que pedi serão aceitos, mas esse caminho da autonomia, de dar espaço para os países definirem sua estratégia, é muito estimulante.

O desenvolvimento de todos os nossos produtos começa com um press release. Escrevemos o que seria um comunicado à imprensa explicando o que é esse produto, como funciona, quais são suas principais características. O objetivo é nos colocarmos no lugar do cliente, entender se o que estamos propondo melhora a vida dele e como faremos isso do ponto de vista dele. Esse press release também vem com algumas páginas de perguntas e respostas — tentamos antecipar o que poderia ser questionado por pessoas inteligentes. Achamos que, dessa maneira, todos os envolvidos no desenvolvimento conseguirão entender melhor como o produto deve ser. Fazemos mais de uma dezena desses press releases todos os meses, mas nem todos os projetos vão para a frente.

Contratação por votos — e princípios

Antes de contratarmos uma pessoa, avaliamos, primeiro, se ela tem alinhamento com a cultura da empresa. Damos bastante importância à postura da pessoa e à sua inteligência, e menos peso à experiência, porque valorizamos o aprendizado. Temos um método para fazer essa avaliação. A pessoa é entrevistada por sete executivos da Amazon, e cada um testa se ela tem dois princípios da companhia. Temos catorze princípios, que são os seguintes.

- Demonstrar obsessão pelo consumidor.
- Ter cultura de dono.
  Esperamos que todos os profissionais atuem pensando no que é

melhor para a empresa, e não apenas para a sua equipe. Além disso, a visão deve ser de longo prazo, e não imediatista.

- Inovar e simplificar.
  Há sempre o que melhorar. Jeff Bezos costuma dizer que a Amazon está sempre no Dia 1, no sentido de que queremos manter o vigor, a empolgação da estreia, a vontade de inovar. Para ele, o Dia 2 é a estagnação, seguida pela irrelevância e, nas suas palavras, "por um declínio doloroso e excruciante".
- Estar certo com frequência.
  Espera-se que os líderes busquem opiniões diferentes, façam bons julgamentos e tomem decisões acertadas com frequência. Mas isso não quer dizer que não haja espaço para erros. Jeff Bezos já disse que a inovação e a falha são irmãs gêmeas — é impossível ter a primeira sem a segunda.
- Ser curioso e aprender sempre.
- Contratar e desenvolver os melhores.
  É preciso reconhecer os talentos, estabelecê-los nas áreas em que vão poder dar a maior contribuição para a empresa e premiá-los.
- Manter os padrões elevados.
  É missão dos líderes da empresa incentivar a equipe a entregar produtos, serviços e processos de alta qualidade.
- Pensar grande.
- Estar pronto para agir.
  Não é preciso fazer grandes estudos para tomar todas as decisões. Às vezes, ser rápido faz diferença.
- Valorizar a frugalidade.
  Buscamos fazer mais com menos.
- Conquistar confiança.
  Os líderes da empresa devem ouvir, tratar os profissionais com respeito, mas ser bastante críticos. O objetivo é sermos melhores que os melhores.
- Ter profundidade.
  É responsabilidade dos líderes acompanhar o que está sendo desenvolvido no detalhe, auditar processos e ser cético quando as metas diferem da realidade.

- Manter-se firme; discordar e assumir o compromisso. Líderes são obrigados a questionar decisões de forma respeitosa quando discordam, mesmo que isso seja desconfortável ou cansativo. Líderes têm convicção e são perseverantes. Eles não cedem em prol da coesão social. Depois que uma decisão é tomada, eles assumem totalmente o compromisso.
- Entregar resultados.

Depois dessa avaliação dos princípios, acontece uma votação: cada executivo coloca seu voto a respeito da pessoa que está para ser contratada num sistema, sem acesso ao voto dos demais. Isso elimina o risco de seguir a opinião do chefe.

Em relação aos funcionários da companhia, duas vezes por ano fazemos uma espécie de revisão de talentos. Funcionários convidam pares e outros funcionários com quem interagem no dia a dia, além dos gerentes, a escrever duas páginas sobre os "*superpowers*" de cada um. Ninguém consegue ser bom nos catorze princípios, mas muita gente se destaca em dois ou três itens. Às vezes, seu maior talento pode ser útil numa área diferente, então usamos esse processo para identificar isso e fazer as mudanças que julgamos necessárias. Na Amazon, ninguém ganha bônus por ter uma equipe grande. Existe um incentivo para colocar as pessoas nos lugares certos, e não para manter áreas grandes de forma artificial. Isso nos torna pouco políticos no dia a dia, direcionando nossa energia para resolver os problemas dos clientes.

A remuneração dos executivos depende da adequação a esses catorze princípios e, como a visão da companhia é de longo prazo, está alinhada a isso. Os funcionários recebem ações da empresa, o que tem o objetivo de fazer com que se sintam donos.

No passado, falava-se muito em equilíbrio entre a vida pessoal e a vida profissional. Hoje, fala-se mais em harmonia trabalho-vida pessoal — essa frase é do Jeff Bezos. É muito difícil separar o que é um momento 100% de lazer, de estar com a família, do que é trabalho atualmente. Com a tecnologia, estamos sempre acessíveis, checando e-mails. Mas não vejo isso como algo ruim. Se gosto do que faço, não há problema em misturar — desde que haja sempre um tempo pessoal. Trabalho bastante, mas nunca abri mão de praticar esportes — nado, corro, ando de bicicleta e jogo tênis — e de dedicar tempo à minha família. Poder fazer o que eu gosto, resolver problemas dos clientes, é algo que me faz muito feliz e talvez seja o principal fator para eu acreditar que mantenho uma total harmonia entre minha vida pessoal e profissional.

2. Ana Theresa Borsari

DIRETORA-GERAL DAS MARCAS DE AUTOMÓVEIS PEUGEOT, CITROËN E DS NO BRASIL

Formada em direito, Ana Borsari iniciou sua carreira no Programa de Proteção e Defesa do Consumidor (Procon) e na época não imaginava que viria a trabalhar no "inimigo", o mundo corporativo. Mas acabou aceitando uma proposta do grupo automotivo francês PSA, dono das marcas Peugeot e Citroën, e teve uma trajetória ascendente na montadora, no Brasil e no exterior. Trabalhou quinze anos na Peugeot do Brasil, de 1994 a 2009, onde ocupou diferentes diretorias. Em seguida, foi a primeira mulher a assumir a direção da Peugeot Citroën num país, a Eslovênia. Dirigiu a Peugeot no sul da França e, em 2015, assumiu o comando da Peugeot no Brasil. Três anos depois, tornou-se responsável também pelas marcas Citroën e DS no país. Tem 46 anos, é casada e mãe de dois filhos.

Mulher engenheira de jeito nenhum

Sou formada em direito pela São Francisco.[1] Fiz direito porque eu não sabia o que queria fazer. Eu tirava boas notas nas matérias de

1 Faculdade de Direito do Largo São Francisco, da Universidade de São Paulo.

exatas na escola e cheguei a pensar em fazer engenharia, mas meu pai, que era reitor da Universidade de Mogi das Cruzes e havia sido professor de matemática, vetou. Lembro-me de ele dizer que não queria que sua filha fosse engenheira e acabou me convencendo. Para ele, a engenharia bitolava, fechava muito a carreira profissional, e eu deveria escolher algo mais eclético. Ele disse: "Se você fizer direito na São Francisco, vai ter aulas de filosofia, vai ter contato com pessoas que debatem muito diferentes temas e isso vai te ajudar a desenvolver um lado que você ainda não tem, de linguagem e argumentação". E foi o que fiz, apesar de eu nunca ter pensado em ser advogada. Acabei me arrependendo dessa decisão depois porque, se fosse engenheira, minha carreira no setor automotivo teria sido mais simples, mais natural. Não impediu minha ascensão, mas criou dificuldades. Até hoje, algumas pessoas ficam um pouco chocadas quando descobrem que não sou engenheira.

Sempre quis que a minha vida profissional tivesse algum sentido que não fosse o do mundo corporativo. Resolvi trabalhar no Procon pouco antes da entrada em vigor do Código de Defesa do Consumidor.[2] Acabei me apaixonando pelo mundo do cliente e pelas relações consumeristas e fiz minha pós-graduação em cima disso. O meu foco era o cliente e, por isso, jamais imaginei ir para o ambiente corporativo, que era contra aquilo pelo que eu lutava. Até que certo dia recebi uma ligação de um headhunter me chamando para uma entrevista numa empresa que estava chegando ao Brasil. Eu disse que não trabalhava para empresas, mas para o consumidor. Mas ele insistiu e disse que queria que eu conhecesse uma pessoa da empresa de duzentos anos que estava se estabelecendo no Brasil com um projeto diferente. Disse que eu iria me apaixonar. Essa pessoa era o Thierry Peugeot, herdeiro da família Peugeot. Ele não sabia nada do Brasil nem dos brasileiros, mas precisava montar uma equipe para começar a operar aqui. Disse que queria se cercar de pessoas que entendessem o cliente. Fui trabalhar na Peugeot em 1994 e de fato

2 O Código de Defesa do Consumidor foi instituído por lei em 1990 e entrou em vigor no ano seguinte.

me apaixonei. Tinha 22 anos. Fui como advogada, para montar a área de atendimento ao cliente e a rede de concessionárias.

Trabalhei na Peugeot do Brasil por quinze anos. Cresci junto com a empresa, aprendi os processos e ocupei praticamente todas as diretorias. Assim, julgava que estava pronta para comandar a Peugeot em algum país. Eu achava que, se fizesse meu trabalho direito, teria o reconhecimento dos meus chefes, que me dariam o cargo de direção em outro lugar. Até que a diretora mundial de RH da Peugeot me disse que não era assim que funcionava. Ela falou: "Se você não falar que quer comandar um país, não vai acontecer". Essa é uma característica que vejo em muitas mulheres: por mais preparadas que estejam, têm certo pudor em mostrar ambição e dizer "eu quero esse cargo". Acham que a promoção vai chegar por meio da performance, mas nem sempre é assim. Não quero fazer caricaturas, mas é mais frequente ver nos homens uma autoestima elevada. Nas mulheres, parece estranho. Costumo encorajar as mulheres a mudar de postura, digo que não devem ter vergonha de almejar o cargo que está acima do seu. Além disso, é preciso se comportar como se já estivesse nesse cargo superior, e não ter aquela postura de "ah, isso ainda não é comigo". Lição número um: nada chega para quem não tem audácia.

O que tornou o processo mais complicado no meu caso foi o fato de a Peugeot ser uma empresa tradicional e conservadora — isso está mudando, mas era uma característica marcante no passado. Até aquela época, nunca haviam nomeado uma mulher para ser diretora de um país. Quando eu resolvi seguir o conselho da diretora de RH e dizer que era isso que queria, o diretor mundial da empresa quase caiu da cadeira. Era uma mulher, não francesa e não engenheira querendo comandar um país. Mas ele me ouviu e disse que, antes disso, eu teria de passar um tempo na matriz e fazer um percurso internacional. Eu já tinha dois filhos na época, o pequeno estava com um ano e meio, então tivemos de tomar uma decisão familiar. Meu marido resolveu pedir demissão e me acompanhar. Acho que foi a maior prova de amor que eu poderia ter, porque ele fez isso pela família. Ele abandonou a carreira, pediu demissão no auge do seu percurso profissional para me seguir nessa aventura. Essa foi a decisão mais difícil em termos familiares, especialmente para o meu marido. Não somos educados para ver um homem abandonar tudo e seguir a esposa. Hoje, vemos de outra forma, porque teve um final feliz, e foi uma experiência ótima para a família, mas na hora foi duro.

Em termos profissionais, eu acreditava estar preparada, porque tinha a parte técnica e havia ocupado diferentes funções. Mas hoje, com certo recuo, vejo que faltava maturidade, e adquiri essa maturidade na matriz. No Brasil, eu dominava. Era o braço direito do presidente e as pessoas paravam para me ouvir. Poucas eram as decisões das quais eu não participava. Na sede, era completamente diferente: eu estava no *backoffice* e a invisibilidade era total. Era como se estivesse no quartel vendo as pessoas na batalha e dando opinião, mas sem poder interferir de fato. Existem profissionais que são feitos para esse tipo de função, e eu os encontrei lá. Mas, depois de três meses, queria me jogar pela janela de cabeça. Sempre gostei de pôr a mão na massa, me sentia útil assim. Ficava incomodada em ser só uma espécie de consultora. Mas, passado o choque inicial, vi que aquilo poderia me fazer crescer profissionalmente, e foi o que acabou acontecendo. Passei a ter um olhar analítico e aprendi a abdicar de certas batalhas e me dedicar às que achava realmente importantes. Eu era um pouco ingênua, toda e qualquer batalha, micro, pequena, média ou grande, me parecia crucial. Se eu achava que tinha o caminho, entrava de sola em qualquer discussão. Mas entendi que, para não perder força política, é preciso abdicar de certas posições.

A cultura europeia — e a francesa em especial — é consensual. O problema disso é que as empresas perdem agilidade: enquanto o consenso não está instalado, não se decide. As pessoas dificilmente criticam ou falam o que pensam. Não existe disputa nas reuniões, em hipótese alguma. Pode ter disputa antes ou depois, mas não é aberta. Ou seja, as ideias não são contrapostas, o que torna as discussões quase sempre pobres. Há pouquíssimas discussões profundas e isso pode acabar levando a empresa para a direção errada. Sou contra esse modelo extremamente consensual, de que tudo tem de estar bonitinho, ninguém pode brigar com ninguém. Garantidos o respeito e o foco técnico, é ótimo haver discussões, elas enriquecem o processo de tomada de decisão e aumentam as chances de chegar às raízes das coisas.

Finalmente, depois de treze meses e dois dias na matriz, o presidente mundial da Peugeot entra na minha sala e diz: “Chegou sua vez, vamos te dar um país para comandar”. Fiquei muito feliz, pois seria a primeira mulher na empresa a dirigir um país. Mas quando perguntei qual, fiquei cabreira. Era a Eslovênia. Pensei: o que será que fiz de errado para me exilarem no fundo da Europa Oriental? Era uma profunda ignorância da minha parte. Fui conhecer a Eslovênia na primavera de 2010 e fiquei encantada: é um país industrializado, extremamente desenvolvido, que aproveitou toda a onda de injeção de capital da primeira fase da União Europeia. Além disso, as pessoas têm uma mentalidade excepcional. Por não ter feito parte da cortina de ferro da União Soviética, a Eslovênia viveu um comunismo mais aberto. O nível educacional é bastante elevado. A licença-maternidade é de dois anos e depois disso as crianças entram para uma creche. Depois, vão para uma escola de período integral. Estudam arte, música clássica. Aos cinco anos, são bilíngues, falam inglês com fluência. A população planta em seus próprios jardins muitas das verduras e legumes que consome. Ninguém come o que não é da estação, ou está fora de seu contexto. Existe ainda um esforço de preservação do país: 70% do território é coberto por parques.

Comecei dirigindo a Peugeot, depois dirigi também a Citroën, e fiz a fusão das duas empresas na Eslovênia. Foi um processo duro. Demiti metade dos funcionários, mas, apesar disso, os que continuaram na empresa entenderam o contexto e trabalharam com afinco. Não existia aquela visão do sindicalismo francês de “dane-se a empresa, pode falir, o que interessa é o meu”. Lá, o coletivo importa. Isso me ensinou a gerenciar pessoas de outra forma. Os profissionais não eram movidos pelo dinheiro ou pela ambição de ganhar, mas pelo prazer de fazer bem-feito e entender o propósito do trabalho. Tinham a vontade de entregar um pouco deles próprios para que outras pessoas pudessem ter uma vida melhor. Esse tipo de postura dá origem a uma excelência de produtividade que é quase natural. Não precisa ficar cobrando, a pessoa conhece suas responsabilidades.

Embora fosse um ambiente incrível, senti que estava sendo testada o tempo inteiro, por ser mulher e estrangeira. Mas percebi que eu tinha um valor agregado grande, que era a capacidade de lidar bem com a incerteza, mudar modelos e achar oportunidades em meio a um ambiente bastante difícil. Depois da crise de 2008, muitos europeus ficaram paralisados. As portas estavam se fechando e eles não conseguiam se mexer para achar uma saída. Ficavam esperando a porta se abrir de novo. No Brasil, estamos acostumados a sair pela janela quando a porta fecha, e isso me ajudou. Acho que os brasileiros, de forma geral, têm uma capacidade incrível de enxergar soluções e se adequar. Precisamos valorizar essa habilidade. Meus filhos estudam em uma escola francesa, e é o método que conta. Quando eles vão aprender a fazer a conta de dividir, o professor explica qual o método que deve ser usado e, se o aluno chega ao mesmo resultado, mas por outro método, está errado. Isso engessa a pessoa desde pequena. Nós somos mais soltos, temos flexibilidade intelectual.

Fiquei três anos na Eslovênia e foi uma experiência fantástica. Isso é o interessante dos desafios. Só descobrimos muitas das nossas qualidades quando enfrentamos grandes desafios, que exigem muito. Depois disso, fui dirigir a empresa no sul da França. A marca Peugeot é líder de mercado na França, mas as pessoas estavam lá fazendo as coisas da mesma maneira havia anos. O mundo tinha mudado, oportunidades haviam surgido, obstáculos também, mas o pessoal continuava trabalhando como no passado. Percebi um espaço para mostrar novos caminhos. No começo, claro, houve resistência. Mas, conforme fui implementando o que queria e as pessoas começaram a ver os resultados, abraçaram o projeto.

Para iniciar as mudanças, usei muito o 5S, uma metodologia japonesa de reorganização de trabalho.[3] O primeiro passo desse método é jogar coisas fora, algo muito potente quando se quer mudar

---

3 O 5S é um método de gestão cujo objetivo é melhorar o ambiente de trabalho. Leva esse nome em razão de cinco palavras em japonês, que começam com a letra s: *seiri* (utilização), *seiton* (organização), *seiso* (limpeza), *seiketsu* (saúde) e *shitsuke* (disciplina).

comportamentos. Colocamos caçambas do lado de fora do prédio, e as pessoas pegavam aquelas pastas de papel guardadas havia anos e jogavam pela janela. De repente, comecei a ver alguns funcionários gritando quando faziam isso. Foi libertador. No fim do dia, estava todo mundo suado, sujo, acabado. A simbologia é jogar fora o jeito velho de fazer as coisas. Depois disso, as pessoas perguntavam: "E agora, como fazemos?". Ou seja, criou-se um ambiente mais receptivo para as mudanças.

A principal atividade de uma direção regional no setor automotivo é a animação da sua rede de concessionárias, ou seja, motivar a rede a melhorar seu desempenho. Então, mudamos a maneira de fazer essa animação. O método antigo era baseado no relacionamento de pessoas que se conheciam fazia dez, vinte anos e raramente falavam de resultados. Para mim, o jeito de animar a rede é analisar os resultados, por meio de indicadores de performance, e definir planos de ação para melhorar o que é necessário. Fiz essas mudanças e funciona assim até hoje. Quem me sucedeu na direção do sul da França foi um executivo que não queria esse posto antes de eu chegar, justamente porque não gostava desse lado político, de relacionamento. Ele gostava do trabalho. Quando o resultado passou a estar no centro da operação, ele quis a promoção. Fiquei muito feliz com isso, porque sinto que deixei um legado.

Falar de dinheiro era tabu

Em 2014, quando ainda estava na Europa, houve uma mudança de comando no grupo e o Carlos Tavares foi nomeado presidente. O Carlos é português, foi o número dois da Renault no mundo por mais de vinte anos; saiu de lá para a Nissan. Ele foi contratado para tirar a PSA do buraco, porque, como 90% das vendas estavam concentradas na Europa na época, a companhia havia afundado junto com a crise financeira de 2008. Muita gente da empresa punha a culpa dos nossos problemas na crise, e é claro que ela teve um papel, mas tínhamos outras dificuldades, que o Carlos atacou. Até então, a prioridade da PSA era fazer carros bons, bonitos, com novas tecnologias. Por incrível que pareça, falar de lucro e rentabilidade era quase um tabu. Falava-se muito em vender, em atingir metas de venda, mas não de lucratividade. O Carlos, em seu primeiro discurso, chamou o *top management* da empresa e começou a falar de dinheiro, de rentabilidade, e todo mundo se chocou: "Quem é esse cara? Como assim, a gente está aqui para ganhar dinheiro? A gente está aqui para conceber carros". Ele colocou a noção de eficiência na mesa e fez uma ruptura dramática em uma empresa que tinha a mesma mentalidade havia duzentos anos.

Em dois anos ele virou a empresa. Hoje, somos uma das montadoras mais rentáveis do mundo. Em 2017, compramos a marca Opel, da General Motors, na Europa — com isso, nos tornamos número um ou dois em todos os países europeus.[4] Os resultados vieram de uma transformação cultural profunda, que aconteceu muito rápido. Fala-se que uma transformação cultural leva dez anos, ou mais, mas acredito que, com a pessoa certa e os incentivos certos — no nosso caso, a necessidade de sair de uma dificuldade financeira extrema —, a mudança pode ser mais ágil. Mas o método foi brutal: havia apenas uma direção, que era aumentar a rentabilidade, e tudo derivava daquela direção. Aquilo que era diverso ou antagônico era descartado ferozmente para que as energias fossem canalizadas para uma nova orientação. Por exemplo, ele quebrou o paradigma do tamanho crítico. Achávamos que uma montadora precisava ter um tamanho mínimo, uma certa quantidade de marcas, e ele acabou com isso. Passamos a falar em criação de valor, e as pessoas entenderam o que gerava valor para a companhia, e o que não fazia sentido manter.

O Carlos conseguiu chegar a esse resultado, de forma tão rápida, porque domina a cadeia. Ele sabe onde estão as alavancas da rentabilidade, e nós não fazíamos ideia. Ele costumava dizer assim: "Embaixo de cada copo que levanto, encontro 200 milhões de euros".

---

4 A Opel é responsável pela produção dos modelos Astra, Corsa, Meriva e Zafira, entre outros.

Queria mostrar que havia dinheiro sendo malgasto. Claro que foi um choque no começo, mas, quando os resultados começaram a aparecer, muitas pessoas passaram a apoiá-lo. Acho que, no final do processo, ele conseguiu transformar a PSA, de fato, numa empresa. Ganhar dinheiro deixou de ser um tabu e virou algo natural e, mais do que isso, esperado.

Além dessa transformação mais abrangente, houve mudanças localizadas. Por exemplo, tínhamos um problema grave de especificação. Engenheiro adora conceber; então, para cada carro, concebíamos 500 mil parafusos diferentes, e não se reaproveitava quase nada. Passamos a fazer uma especificação mais globalizada dos componentes, o que melhorou nossa relação com os fornecedores, além de reduzir custos. Também paramos de criar carros para um só mercado, porque é difícil amortizar os gastos. Entendemos que a sobrevivência estava na mutualização dos componentes e em ter uma única estratégia de produtos, porque isso permite diluir despesas e reduzir desperdício na cadeia de distribuição. Nessa indústria, a distribuição consome 35% da margem.

A noção de *pricing*, de definir o preço que será cobrado pelos carros, de acordo com o posicionamento de marca que se quer dar, algo fundamental, não existia até então. A lógica era vender pelo preço que dava. Hoje, o objetivo é criar valor de marca que me permita vender aquele produto pelo melhor preço possível. Os japoneses fazem isto muito bem: usam uma tecnologia da década de 1980, colocam uma marca e o preço vai lá para cima.

As dificuldades de comandar uma empresa no Brasil

Em 2015, eu já havia passado seis anos fora do Brasil, meus filhos quase não falavam mais português, e eu queria que eles tivessem uma raiz brasileira. Acho que o grande legado de uma experiência internacional para nossos filhos foi justamente incentivá-los a ser internacionais, do mundo. Fazer com que entendam bem as diferenças culturais e possam se apropriar do que existe de bom em cada cultura. Eu queria ter voltado logo depois da Eslovênia, mas para dirigir a empresa no Brasil. Quando vi que essa função não estava disponível, decidi esperar um pouco mais, e a oportunidade surgiu em 2015. Voltei no meio da turbulência política e da recessão.

Um dos legados do Carlos Tavares foi definir um posicionamento preciso, de maneira que não houve canibalização entre as marcas do grupo. Havia uma estratégia global, e minha tarefa era trazer isso para o Brasil. Minha palavra de ordem virou coerência, porque consolidar a imagem de uma marca significa ter coerência com essa linha diretriz. Todos os funcionários precisam entender o que é a marca para que tudo o que derive dela — produções, ações, projetos, programas — contribua para reforçar sua imagem da forma correta.

Minha outra missão no país era fortalecer a cultura do rigor e da exigência. Quando eu voltei, depois de ter passado seis anos na Europa, me dei conta de como é complexo gerir pessoas no Brasil. Como já mencionei, acho que temos uma criatividade incrível que nos ajuda a vencer barreiras e buscar soluções inusitadas. Mas essa profusão de ideias tem um efeito colateral, que é a perda de foco. É possível perceber isso até nas pequenas coisas: vejo pessoas que trabalham com vinte planilhas de Excel abertas. A consequência disso é que muitas começam diversas coisas, mas raramente conseguem concluir algo — muito menos no prazo combinado. Para um gestor, a dificuldade de comandar uma equipe assim é imensa e exige um gerenciamento muito mais detalhado. Aqui, tenho de pilotar dois níveis abaixo do que eu faria num país da Europa, se eu quiser ter o mesmo nível de execução. Então é muito mais pesado, fisicamente até, porque é preciso descer no detalhe e controlar diferentes indicadores. As pessoas poucas vezes falam não. Peço algo e quase sempre ouço: "Sim, chefe, perfeito". Mas quem fala isso, às vezes, já sabe que não vai conseguir entregar, mas não quer me contrariar. Então enrola no final. Parece que as pessoas contam com o fato de que você vai esquecer que pediu, e aí vai ficar tudo bem.

Posso estar generalizando um pouco, claro, mas aprendi que, no Brasil, tenho de desconfiar e acompanhar de perto para ver se o que pedi vai rolar mesmo — ou se será preciso adaptar. Estamos no país do follow-up. Se não tiver follow-up os projetos não andam. Qual o verbo do sucesso? Follow-up. Quando eu havia trabalhado apenas aqui, nem me dava conta desse problema. Mas hoje vejo que é algo sério. A consequência é a perda da eficiência. É preciso criar níveis diferentes de controle: três fazem e um controla. Às vezes, esse controle não é suficiente, então colocamos mais um nível. É improdutivo, porque estou fazendo uma alocação de recursos que não deveria ser necessária, só para garantir que o que combinamos será feito. Tenho duas vezes e meia o número de funcionários que teria na Europa para fazer um trabalho semelhante. E o problema não é a competência técnica, que é alta no Brasil. O problema é essa falta de organização e comprometimento com a execução. Não acontece apenas dentro da empresa, mas com fornecedores e consultores.

A cereja do bolo dessa complexidade gerencial é o lance emocional. Se abalar o emocional da galera, não se executa nada. Se for dura demais, os subordinados viram todos carneirinhos, que fazem porque o chefe mandou, mesmo que seja a maior idiotice. Caso isso aconteça, perdemos as pessoas. No fim das contas, gasto 80% do meu tempo só para fazer esse follow-up. Ou seja, fico com apenas 20% do tempo para pensar em estratégia.

"Remuneração variável não faz tanta diferença"

A estratégia da empresa é centralizada e definida na matriz. O grupo decidiu desenvolver duas pernas. Uma delas é a da fabricação dos automóveis no modelo tradicional, de concepção, industrialização e venda. Para esse modelo continuar funcionando daqui a trinta anos, precisamos ser a referência. Mas a ideia do automóvel está em crise. Muitos jovens nem têm carteira de habilitação, não querem dirigir, o que significa que podemos vender menos no futuro. Então, em paralelo, começamos a desenvolver uma segunda perna, que é o fornecimento de serviços de mobilidade. Por isso, compramos startups cujos objetivos são a divisão e a utilização comunitária dos bens. Montamos um fundo de 300 milhões de euros para comprar startups.

A perna que paga a conta ainda é a tradicional, mas, pensando em modelo de negócio e em como manter a relevância da empresa, é preciso desenvolver os dois lados. A ideia é diversificar para estar presente nessas duas vertentes na melhor equação possível.

Todas as regionais precisam seguir a estratégia global, mas devem adaptá-la de acordo com seu contexto. As diferenças de perfis de consumidor são relevantes. A Ásia, por exemplo, está se descobrindo. O mercado chinês é gigantesco e tem de tudo. Cerca de 80% dos carros que a Peugeot vende lá são o primeiro automóvel das pessoas; elas nunca tinham dirigido na vida. O mercado é tão grande que cabe tudo: o automóvel grandão, o poluente, o não poluente, o elétrico, qualquer coisa lá vende, milhares e milhares, porque há muito consumo. A Europa está indo para uma linha ecologicamente correta, produzindo carros mais leves, menores e com menos emissão de poluentes. Já os Estados Unidos continuam fabricando carros robustos e poluentes.

No Brasil, a perna da mobilidade está no início. Começamos a ter um pouco de *carpooling*, *carsharing*, mas ainda não existe estrutura para fazer isso de forma ampla. Por fim, temos a discussão sobre quando vale a pena montar uma fábrica no Brasil. Na minha opinião, hoje, fazer isso é só maquiagem. Eu trago o kit pronto, todas as peças do Lego, e só contrato pessoas para montar. Ou seja, o valor agregado é muito baixo. Ter uma fábrica no país é útil para a empresa dizer que está privilegiando o mercado local, mas está mesmo?

Construir planejamento estratégico em mercados voláteis, como o brasileiro, é muito difícil, mas ao mesmo tempo imprescindível. Anualmente, paro o alto escalão da empresa: deixamos de lado o hoje para pensar para onde queremos ir. A volatilidade externa e a nossa criatividade, como brasileiros, às vezes nos fazem desviar do curso, o que não é bom no longo prazo. Não dá para continuar pedalando sem levantar a cabeça e olhar para a frente. Senão, quando você vê, está indo para outra direção. Procuro fazer esse exercício de uma maneira extremamente séria com toda a equipe para garantir a integridade da direção, apesar de tudo. Podemos desviar um pouco, dependendo do cenário, mas é preciso manter a rota. Acredito que seja o exercício mais importante do ano, mais do que orçamento, que só mostra a continuidade da operação.

A questão da autonomia é relativa e varia de acordo com o gestor, porque acredito que deva ser algo conquistado, e não dado. Não fui eu que dei as autonomias no comitê de gestão da Peugeot. As pessoas acabaram ocupando seus próprios espaços. Por isso, o grau de autonomia entre os diretores é diferente, apesar de o sistema de gestão ser igual. A autonomia vem junto com a responsabilidade, e alguns executivos não estão prontos para isso. Mas, com o tempo, precisam se preparar, e não reclamar que não têm autonomia.

Para fazer o acompanhamento da execução, adotei um sistema de ir até as áreas, revisar os contratos de objetivo e os projetos em andamento. Em vez de apenas ver uma apresentação, tento ouvir as pessoas, vejo os indicadores lá mesmo e dou as orientações no campo. Acredito que isso aumente o envolvimento na execução. Além disso, tira um pouco do filtro. Se um diretor vai até a minha sala e faz uma apresentação, ele leva o que acha mais importante, mas não necessariamente tudo o que preciso, ou quero, saber. Faço isso uma vez por mês, com todas as áreas.

Usamos também o método *lean management* de gestão. O princípio é buscar eficiência rastreando processos e eliminando desperdícios. Mas não dá para pegar o livro e seguir à risca. A forma de implementar deve ser a da empresa, levando em conta suas características e estilo de gestão. Fazemos isso e damos autonomia às áreas, para que encontrem maneiras próprias de atingir os mesmos objetivos. Mas, para que o *lean* funcione, é preciso que as pessoas se falem, com honestidade, sobre os entraves que encontram em determinadas etapas. E nem sempre essa conversa é fácil. Alguns não gostam de falar para não criar inimizades, outros para não se indisporem com o chefe. Para tentarmos resolver essas dificuldades, criamos um grupo, formado por especialistas em qualidade, que estão lá exclusivamente para ajudar nessas discussões.

Toda empresa tem os seus feudos, mas o papel da hierarquia é justamente acabar com eles e criar objetivos coletivos, para que a estratégia seja executada. Na Peugeot, todas as áreas criam contratos de objetivos. Funciona assim: quando a área faz o plano de negócios para o próximo ano, descreve esse plano num contrato, com metas claras. Designamos alguém que não seja da área para avaliar o contrato, garantir que ele siga a estratégia global e que não seja antagônico em relação aos contratos de outras áreas, além de acompanhar o cumprimento das metas.

Temos remuneração variável, mas, sinceramente, não acho que isso faça tanta diferença. Não motiva quem não entrega resultado, a pessoa até fica resignada: "Ah, não ganho nunca". E, entre os que entregam, não acho que exista essa gana pelo bônus. Vejo que as pessoas se movem mais pelo que as toca e encoraja. Claro que é preciso existir meritocracia, mas as pessoas não podem ser avaliadas apenas pelo desempenho de curto prazo, mas pelo que estão fazendo para construir o futuro da empresa. Um lugar em que as pessoas têm medo constante de ser mandadas embora, de não atingir o objetivo, de ousar, não tem como ir muito longe, na minha visão.

O principal indicador que monitoro é a satisfação dos clientes. Não existe construção de negócio, em nenhum setor hoje, se o cliente não estiver encantado com a marca. A fidelização é a chave do futuro, é assim que vamos sustentar nosso negócio. Minha maior responsabilidade é garantir a perenidade da empresa, e isso só vai acontecer se a cultura da orientação ao cliente estiver arraigada em cada funcionário. É preciso entender que essa é a prioridade. Temos um indicador próprio para medir a satisfação dos clientes, que são pesquisas que fazemos com 100% dos consumidores atendidos na rede, na hora da venda e no pós-venda. Monitoramos também as pesquisas feitas por outras empresas sobre as diferentes marcas para entender como estamos em relação ao mercado, e sabemos que temos o que melhorar nesse quesito, especialmente com a marca Peugeot.[5] Mas, ao mesmo tempo, conseguimos

5 Uma pesquisa feita pela consultoria J. D. Power mostra que o pós-venda da Citroën foi relativamente bem avaliado pelos clientes em 2017. A marca obteve 804 pontos na pesquisa, e a média da indústria foi de 791 pontos. Em 2016, a Citröen havia ficado abaixo da média da indústria. Já a Peugeot ficou abaixo da média em 2016 e 2017.

começar a transformar a imagem de marca, para que ela seja vista como premium. Queremos ser reconhecidos assim, porque, dessa forma, os consumidores terão apego ao produto. Não queremos entrar em guerra de preço.

Numa empresa europeia, a área de recursos humanos faz a parte administrativa. Quem faz a gestão real dos recursos humanos são as equipes, e acho que essa é a boa gestão. O chefe de uma área não pode delegar a gestão da equipe para quem quer que seja. O diretor recebe um parâmetro, mas tem bastante autonomia para gerir seus funcionários. Por exemplo: se ele tem uma pessoa que é boa, mas quer mudar de área, pode conversar com o gestor de outra área e sugerir, porque é ele que conhece a pessoa, não o RH. Na hora de contratar, funciona da mesma maneira. Assim, cada gestor é responsável pelo desenvolvimento de suas equipes. O RH tem um papel consultivo, de ajudar em determinados processos. Se um diretor decide dar um treinamento para sua equipe, pode conversar com o RH, que ajuda a encontrar a melhor forma de fazer aquilo. No passado, era o RH que montava o treinamento, mas isso gerava um desperdício de recursos e de tempo, porque não tem como o RH saber exatamente do que cada área precisa.

Quando eu vou contratar, normalmente, escolho os diretores e deixo a cargo deles a responsabilidade de montar a equipe. Mas faço questão de entrevistar os candidatos a cargos mais críticos, por exemplo, os gerentes de atendimento. Acabo tendo contato com esses profissionais, então é preciso ter uma certa empatia e adequação de perfis. Contratar envolve uma análise objetiva, mas também aspectos subjetivos. Não dá para contratar só porque a pessoa tem um MBA top. Temos de pensar se essa formação é realmente necessária naquele cargo. O primeiro passo é refletir sobre o que precisamos, definir um perfil e, quando isso está maduro, contratar fica mais simples.

3. Andre Dorf

PRESIDENTE DA EMPRESA DE ENERGIA CPFL

Formado em administração de empresas na Fundação Getulio Vargas, Andre Dorf trabalhou em setores bastante diferentes desde que entrou na faculdade. Ficou sete anos no mercado financeiro, dez na indústria de papel e celulose, como diretor da Suzano, e está há cinco na CPFL, maior empresa privada do setor elétrico no Brasil. Foi presidente da CPFL Renováveis de 2013 a 2016 e, naquele ano, assumiu o grupo CPFL, que faturou 40 bilhões de reais em 2017, tem cerca de 13 mil funcionários e 9,1 milhões de clientes. Em 2017, a CPFL passou a ser controlada pela estatal chinesa de energia State Grid, maior empresa do setor elétrico no mundo. Dorf tem 45 anos, é casado e pai de duas filhas.

De empreendedor a executivo

Na escola, eu não era um bom aluno. Não me dedicava, tinha outros interesses na adolescência. Quando chegou a hora do vestibular, finalmente me convenci de que precisava me dedicar. Estudei de verdade e entrei no curso de administração de empresas na Fundação Getulio Vargas, em São Paulo. Comecei a trabalhar assim que entrei na faculdade. Meu pai tinha uma fábrica de artigos têxteis, que vendia para grandes redes de lojas, e trabalhei com ele por um ano e meio. Depois disso, me associei a um colega de faculdade e montamos um negócio no setor alimentício: uma fábrica que fornecia sobremesas para restaurantes, redes de fast-food e hotéis. Conseguimos um novo sócio, também da FGV, mas, após três anos, os resultados não apareceram. Resolvemos fechar e buscar oportunidades no mercado financeiro. Em 1996, no último ano da FGV, fui trabalhar no banco de investimentos Patrimônio. Em 1999, o banco foi comprado pelo Chase Manhattan e, em 2000, o Chase anunciou a fusão com o JP Morgan, criando um dos maiores bancos do mundo. O banco crescia, ganhava importância no Brasil e eu seguia trabalhando duro. Durante minha passagem pelo JP Morgan, trabalhei em Nova York, em um período desafiador — logo após os atentados de 11 de setembro de 2001. Dada a velocidade com que as coisas aconteceram, não tive tempo nem coragem de interromper a carreira para fazer um MBA. Gostaria muito de ter feito, mas não deu e não me arrependo.

No JP Morgan, trabalhava na área de banco de investimento, assessorando empresas em fusões, aquisições e operações no mercado de capitais. Após minha saída do JP Morgan, em 2003, fui convidado a assumir uma diretoria na Suzano Papel e Celulose, um dos nossos clientes no banco. Do ponto de vista financeiro, a carreira em bancos era muito mais atraente. Mas, do ponto de vista de desafio intelectual e de execução, havia um mar de oportunidades no mundo corporativo. Muitas empresas familiares estavam se profissionalizando e outras queriam abrir o capital. Assim, havia espaço para um novo perfil de executivos no mercado corporativo. Hoje a situação é bem diferente: os executivos das principais empresas brasileiras são extremamente bem preparados. Naquela época, porém, senti que tinha uma vantagem.

Em 2003, a Suzano estava passando por uma transição geracional. O David Feffer[1] havia assumido a liderança do grupo e a diretoria

1 David Feffer faz parte da terceira geração da família que fundou a Suzano.

estava mudando — parte vinha da recém-adquirida Bahia Sul e parte da própria Suzano. Fui o primeiro diretor vindo de fora da empresa. Aos trinta anos, também era, de longe, o mais jovem. Fiquei dez anos na Suzano, de 2003 a 2013. No início desse período, o preço da celulose estava elevado, o câmbio estava atrativo, então a agenda da Suzano era de crescimento. Por isso foi criada a diretoria de desenvolvimento e novos negócios, que foi a que assumi inicialmente. Participei de algumas aquisições e projetos de expansão, como a compra da concorrente Ripasa e da FuturaGene, empresa israelense de biotecnologia especializada em pesquisas e no desenvolvimento genético de plantas. Também inauguramos aquela que, na época, era a maior linha de produção de celulose do mundo, no sul da Bahia. O objetivo era ampliar o portfólio e o crescimento da companhia. Foi uma experiência incrível, que me mostrou as possibilidades do mundo corporativo e me ensinou a ser um gestor. Tive um chefe que dizia que o diferencial de alguns executivos é ser bilíngue, ou seja, transitar bem no "mundo" financeiro — saber conversar com bancos, acionistas e investidores, falar em alocação de capital e criação de valor — e também falar a língua das empresas, do papel, da celulose, do megawatt-hora. Gostei de ser esse profissional. Encerrei meu ciclo na Suzano após três anos como presidente da Suzano Energia Renovável, um ambicioso projeto para produção de combustível a partir de florestas plantadas.

Em 2013, fui convidado a assumir o comando da CPFL Renováveis, que era uma empresa nova, criada em 2011. Entrei em agosto de 2013, um mês depois de seu IPO, sigla em inglês para oferta inicial de ações. Uma das minhas missões era aprimorar os processos, sistemas e organização da companhia. Além disso, tínhamos inúmeros projetos, em andamento e para ser implementados, o que demandava estrutura e metodologia de gerenciamento. Uma das prioridades ao assumir foi repensar as práticas de recursos humanos. Tornamos essa área mais sênior, com a contratação de pessoas experientes, e criamos um comitê para discutir os temas mais importantes ligados à gestão de pessoas, como sucessão, promoções, negociações sindicais, clima organizacional, performance e recompensa. Dessa forma, a diretoria, de forma colegiada, passou a acompanhar e tomar decisões de RH de forma sistemática e padronizada. Conforme planejado, a empresa cresceu bastante: de 2013 a 2017, o Ebitda[2] aumentou mais de 140%, chegando a 1,2 bilhão de reais.

Três anos depois, em 2016, o conselho de administração da CPFL Energia, grupo que controla a Renováveis, me escolheu para suceder ao Wilson Ferreira, que comandava a CPFL Energia desde 2000.[3] Suceder a um CEO carismático como o Wilson, com grande conhecimento do setor e do mundo corporativo, não foi fácil, mas nossa transição foi bem organizada e serena. A maioria dos executivos tem um modelo idealizado de CEO. Mas, no fundo, não existe modelo único. É possível conquistar credibilidade e liderança, e engajar as equipes, com as competências que você tem. Os perfis das pessoas são diferentes, mas não necessariamente um é melhor ou pior. Valorizo, entre outras coisas, a consistência no processo decisório, a credibilidade e a proximidade com as equipes.

Acho que a ambição de todo executivo é ser um "super-CEO", um Jack Welch, que comandou a multinacional General Electric. Mas, depois de um tempo à frente dos negócios, fui percebendo — e aí não tem certo ou errado, é uma questão de estilo — que é muito mais produtivo para a empresa e muito mais seguro para o acionista se houver uma equipe trabalhando em rede, em sintonia. Na CPFL, estamos cada vez mais trabalhando em rede, e tenho insistido para que isso continue. Numa reunião de diretoria, por exemplo, as pessoas não podem simplesmente trazer os problemas e esperar o CEO indicar a solução — têm de explicar a situação, apresentar as alternativas e dar uma recomendação. Isso acaba obrigando os executivos a fazer a rede antes da reunião, buscando soluções. Assim, as equipes começam a trabalhar em conjunto. Decidir tudo sozinho seria mais fácil, economizaríamos tempo e reduziríamos o número

---

2 Sigla em inglês para lucro antes do pagamento de juros, impostos, amortização e depreciação. Equivale à geração de caixa da empresa.

3 Wilson Ferreira Júnior assumiu a presidência da Eletrobras, estatal de energia elétrica, em julho de 2016.

de reuniões. Mas, desse jeito, a empresa não forma líderes. O que forma líderes não é a decisão, é o processo decisório.

Um setor conservador em transformação

O setor elétrico é altamente regulado devido à característica monopolista das concessões de determinados serviços. Em distribuição de energia, por exemplo, seria impensável ter diversos postes na rua, de empresas diferentes, disputando clientes. Os consumidores só podem comprar energia de um fornecedor. Para não haver abusos, a regulação dos serviços e tarifas é necessária e desejável. Ocorre que duas forças distintas devem provocar alterações importantes na dinâmica do setor no futuro: as novas tecnologias e a evolução da sociedade. As pessoas estão assumindo um protagonismo maior na escolha de produtos e serviços, e muitas têm consciência ambiental e vontade de decidir que tipo de energia usar. Novas tecnologias de geração, armazenamento de energia e redes inteligentes podem permitir isso. Em breve, acredito que os consumidores pagarão apenas uma tarifa para usar a rede de distribuição, mas poderão escolher que tipo de energia comprar — solar, eólica etc. — e de quem comprar. Nas grandes indústrias já existe alguma opção de escolha, o que tende a ser ampliado.

As empresas tradicionais do setor precisam se preparar para essas mudanças, criando novos produtos e modelos de negócio, para concorrer num mercado mais livre e competitivo. Cerca de 6% da nossa geração de caixa já vem de negócios não tradicionais, como a comercialização de energia no mercado livre, e essa parcela deve aumentar. Mas precisamos explorar novos nichos. A mentalidade da CPFL, que é uma companhia de 106 anos e 13 mil funcionários, tem de evoluir.

Acredito que todos os gestores da empresa têm consciência disso e o desejo de promover mudanças em suas áreas, trazendo tecnologia, análise e automação. Mas isso requer uma mudança de mentalidade e a quebra de alguns paradigmas em processos tradicionais, especialmente nos negócios que estão nascendo. Diante disso, dedicamos bastante atenção ao nosso planejamento estratégico em 2017. Visitamos empresas em mercados mais desenvolvidos, recebemos insights de consultores, banqueiros de investimento e reguladores, com o objetivo de sair da zona de conforto. Após algumas semanas de trabalho, passamos o dia discutindo as principais ideias num coworking. Surgiram muitas propostas interessantes, a maioria baseada em uso intensivo de tecnologia. Além disso, enfrentamos outra questão importante: como tratar startups ou novos negócios dentro do grupo. Acreditamos que montar uma startup dentro da companhia é muito difícil. Ou matamos a startup, pela estrutura de governança e dos processos, ou prejudicamos o negócio maduro. Se os profissionais do Jurídico, da Contabilidade, do RH acharem que estou dando prioridade às startups, podem dedicar muita atenção a elas e esquecer o negócio principal, que paga a nossa conta.

A partir dessas discussões, nasceu o projeto CPFL Inova, um programa desenvolvido em conjunto com a Endeavor, organização de apoio a empreendedores. Seu objetivo é selecionar startups para serem aceleradas pela CPFL. No estágio inicial, avaliamos 490 startups que podem desenvolver produtos ou serviços com potencial para a companhia. Desse total, selecionamos doze empresas. Participei da escolha e fiquei impressionado com a qualidade. Quando falamos em startups, geralmente pensamos nas grandes invenções, mas esse mundo não é só isso. As empresas que selecionamos têm ideias muito interessantes que podem ajudar a melhorar processos corporativos — por exemplo, reduzir perdas com fraudes e tornar a logística mais eficiente. Elas vão desenvolver isso e, no futuro, vamos decidir que tipo de parceria queremos ter com essas startups: podemos comprar algumas, fechar contratos de fornecimento ou parcerias comerciais. Vai depender do que for criado.

De forma mais ampla, o desafio das empresas de energia é desenvolver novos negócios em paralelo à distribuidora. A tecnologia de armazenamento de energia deve ganhar espaço. É uma grande solução para as energias intermitentes, como a solar, e a mobilidade urbana — uma capacidade maior de armazenamento ajudaria a substituir o motor à combustão pelo motor elétrico. Em resumo, acho que a empresa do futuro é *asset light*, ou seja, não precisará investir caminhões de dinheiro em usinas e redes, mas oferecerá serviços de gerenciamento e controle. O modelo convencional do sistema elétrico é construir uma usina gigante, em um lugar remoto com 2 mil quilômetros de linha, e uma distribuidora para servir os consumidores. Esse modelo está desaparecendo no mundo inteiro. Agora, a tendência é a geração distribuída, ou seja, ter tecnologias para gerar energia com a matéria-prima que existe na região onde ocorrerá o consumo. Por exemplo: usar bagaço de cana-de-açúcar para produzir energia no interior de São Paulo; usar vento no Nordeste; energia solar nos trópicos de forma geral. Isso reduz o custo de transmissão e o risco de grandes interrupções num sistema interligado. O desafio agora é a sociedade discutir quanto topa pagar para gerar sua própria energia, para ter essa segurança e fazer seu gerenciamento. Além disso, é preciso definir qual será a matriz elétrica ideal para o nosso futuro. Acredito que o caminho para alcançar a segurança energética, o custo adequado e a sustentabilidade ambiental é o equilíbrio entre diferentes fontes — térmica, hidrelétrica, renovável —, dependendo do perfil do país. Não existe uma bala de prata, ou seja, solução única que vá endereçar todas as questões em todas as regiões.

A adaptação ao estilo chinês

Em paralelo às mudanças do mercado, estamos passando por uma transformação interna. Em 2017, a estatal chinesa State Grid comprou o controle da CPFL. Nossos colegas chineses são bem tradicionais: trata-se da maior estatal da China e também a maior companhia de energia do mundo, com mais de 300 bilhões de dólares de faturamento e 1,7 milhão de funcionários. A empresa está ampliando sua presença internacional — atualmente, a CPFL tem participação relevante no total de ativos da State Grid fora da China. Após a transferência de controle, ocorreram algumas mudanças na governança da CPFL: o conselho de administração passou a ser formado por quatro chineses e três brasileiros, incluindo dois conselheiros independentes e a mim. Além disso, a State Grid destacou uma equipe de 21 pessoas para trabalhar conosco, cuja função é basicamente entender como a CPFL e o mercado brasileiro funcionam e fazer "a ponte" com Pequim. É compreensível; afinal, essa foi uma das maiores aquisições já feitas no Brasil. Temos um vice-CEO que me acompanha, um vice-CFO (vice-presidente financeiro) e um colega chinês em cada área crítica da empresa. A convivência tem sido harmônica e construtiva, mas as diferenças culturais são um desafio.

Tendo isso em mente desde o início, assim que a compra foi concluída, contratei uma empresa para treinar todos os nossos executivos sobre a cultura chinesa e aspectos da etiqueta corporativa daquele país — o que dizer, o que não dizer, como se comportar num jantar. No dia a dia da empresa, é preciso haver um esforço de compreensão, de ambos os lados. Temos a tendência de achar que o jeito como fazemos as coisas é o "correto", o que nem sempre é verdade. Nesse sentido, essa experiência tem sido rica para todos nós. Dois aspectos positivos se destacam nessa integração com a State Grid: a solidez financeira e as oportunidades ligadas à tecnologia. Logo nos primeiros meses após a chegada dos novos acionistas controladores, a CPFL teve seu *rating* de crédito revisado para AAA, com consequente redução do nosso custo de dívida — um importante benefício numa indústria com grande necessidade de capital.

Em relação à tecnologia aplicada ao setor elétrico, os chineses estão anos à nossa frente. Seja na automação das operações, seja na conectividade das soluções ou na digitalização dos processos. Numa reunião com executivos da State Grid, comentei que éramos a maior empresa com medidores digitais de consumo de energia do Brasil. Colocamos 26 mil e a meta era instalar 2 milhões em dez anos. Eles disseram: podemos ajudar, porque já temos 350 milhões instalados. Os números são impressionantes. Esses medidores digitais, chamados *smart meters*, tornam nossa atuação muito mais eficiente. Eles permitem identificar problemas na rede e consertá-los antes que fiquem críticos e provoquem a interrupção do fornecimento. Também permitem cortar e religar a energia de clientes remotamente. Parece algo trivial, mas, durante a recessão brasileira, chegamos a fazer 140 mil cortes por mês, por falta de pagamento ou fraude.

Quando os chineses executam um projeto, pensam bastante na robustez da solução e do sistema, ao passo que nós, ocidentais, tendemos a priorizar a viabilidade econômica das alternativas de implantação. Como consequência disso, eles têm uma visão de longo prazo. Em relação à situação política brasileira, os chineses estão acompanhando, mas com menor preocupação. Entendem que podemos passar por períodos complicados — faz parte da característica de um país emergente —, mas gostam da empresa e sabem que sempre vai haver pessoas consumindo energia. Isso não quer dizer que não estejam preocupados com o curto prazo: eles querem conhecer cada detalhe da companhia e do nosso mercado, entender como tudo funciona.

Naturalmente, as recentes mudanças na empresa, como a sucessão de CEO e a troca de acionistas controladores, geraram insegurança e ansiedade em nossas lideranças e equipes. A solução foi a *over communication*. Intensificamos muito a comunicação por meio de vídeos, comunicados e reuniões para explicar as mudanças e o que estava sendo feito. Tenho um programa, o Café com o Presidente, em que me reúno com grupos de funcionários para conversar sobre a companhia. Além disso, participo de grupos de WhatsApp com vice-presidentes, diretores e gerentes. Assim vamos desarmando as inseguranças e boatos. Acho que é da natureza humana: quando não conhecemos algo ou não temos todas as informações, tendemos a pensar o pior: "Vai desembarcar um contêiner cheio de chineses, vão substituir todo mundo, agora tudo vai ser decidido em Pequim". Nada disso é verdade. Conto para os chineses e eles dão risada.

A comunicação das empresas, de forma geral, não só na CPFL, mudou. No passado, era unidirecional, ou seja, as companhias se comunicavam com seus públicos. Também era dividida: havia um departamento de comunicação interna, outro de comunicação com os clientes, um de relações públicas com a mídia, outro de relações institucionais com autoridades e ONGs. Não funciona mais assim. Temos de enxergar o público como um só, porque seu funcionário pode ser, ao mesmo tempo, um cliente e membro de uma ONG. Por isso, reunimos toda a comunicação em uma única área e padronizamos linguagens e conteúdos. Além disso, estamos redirecionando os canhões para a mídia social, onde a comunicação é uma via de mão dupla. As mídias sociais têm sido uma importante ferramenta de comunicação com a população. Em épocas de crise, é comum observarmos um incremento no número de acidentes ou situações de risco em que o morador, buscando economizar, decide não contratar um eletricista e fazer ele mesmo reformas que podem interferir na rede elétrica. Vivemos essa situação ao longo de 2016 e 2017. Em função disso, desenvolvemos uma campanha específica, combinando veículos tradicionais e redes sociais, para informar sobre os riscos desse tipo de procedimento e as maneiras corretas de proceder.

A importância das decisões difíceis

Na vida corporativa, muitos dos aprendizados acontecem no dia a dia, nas experiências acumuladas ao longo dos anos. Não há atalhos. Ao olhar para trás e avaliar coisas que eu poderia ter feito diferente, acredito que a maioria delas está ligada à gestão de pessoas. Acho que fui condescendente demais com a má performance e o comportamento inadequado de alguns executivos. Por acreditar muito nas pessoas, acabei demorando para tomar uma ou outra decisão difícil. Hoje entendo que esse tipo de decisão é algo necessário e benéfico para a empresa, para a equipe e para o futuro do próprio executivo a ser substituído. Situações como essas acontecem todos os dias na empresa. É papel do CEO desenhar e comunicar uma estratégia clara, definir uma estrutura organizacional eficiente e assegurar que as pessoas certas estejam nos lugares certos. Meu dia na empresa começa às 8h30, vou até umas 19h30. Depois do jantar e do convívio com a minha família, sento de novo no computador e vou até as 23 horas, meia-noite. Ainda assim não dou vazão, sempre sobra algo para o final de semana. Sei que essa é uma fase muito intensa com os chineses, de transformação cultural, e muito empolgante também, mas sei também que preciso equilibrar o trabalho com a vida pessoal.

Para isso acontecer, acredito que é preciso fazer opções. Não quero chegar aos setenta anos, olhar para trás e achar que deveria ter feito mais isto ou aquilo. Fiz minhas opções de maneira consciente. Minhas prioridades são trabalho, família e esporte. Algumas pessoas têm religião, ou viagens, entre as prioridades. Não é meu caso. Ainda assim, é um desafio conciliar tudo. Tenho duas filhas e não sou aquele pai que chega às dezessete horas do trabalho. Ainda que passe pouco tempo com elas, quando estamos juntos, é para valer. É tempo de qualidade, com dedicação. Acho que isso faz diferença. O esporte também é muito importante para mim, não só pela saúde, mas porque faz bem para a cabeça. É o momento em que estou comigo. Faço ciclismo e participo, no mínimo, de uma prova por ano. Gosto de pedalar quarenta, cinquenta quilômetros por treino, mas, para fazer isso, tenho de acordar às quatro e meia da manhã. Ou seja, abro mão de sono, de noitada. Mas não abro mão de férias. Todos os anos, tiro duas semanas para viajar com a família e uma semana para viajar só com a minha esposa. Quando estamos só nós dois, procuramos fazer roteiros diferentes, em destinos como Rússia, Camboja e costa do México. Acho que equilibro bem os pratos.

4. Carlos Jereissati Filho

PRESIDENTE DA EMPRESA DE SHOPPING CENTERS IGUATEMI

Seu pai, Carlos Francisco Jereissati, achava que o filho ia ser político como o tio, Tasso. Mas Jereissati Filho sempre quis trabalhar na Iguatemi, a empresa de shopping centers da família. Depois de se formar em administração de empresas na Fundação Getulio Vargas, em 1994, passou por várias áreas da Iguatemi em São Paulo e assumiu a direção geral do shopping de Porto Alegre, o Praia de Belas. Tornou-se diretor de operações na região Sul e, em 2002, superintendente da companhia. Em 2005, aos 34 anos, sucedeu ao pai na presidência da Iguatemi. Em junho de 2018, a empresa tinha dezesseis shoppings espalhados pelo país, quatro torres comerciais e um outlet.

Demorou, mas o shopping "pegou"

A história do grupo vem do meu avô, Carlos Jereissati. Era um empresário que investiu em vários setores. Em paralelo ao empreendedorismo, também era político. Faleceu quando meu pai, Carlos Francisco Jereissati, o filho mais velho entre seis irmãos, tinha dezessete anos — e logo meu pai decidiu assumir os negócios. Saiu do Rio de Janeiro e foi para São Paulo, onde ficavam as principais empresas. A família na época era dona da metalúrgica La Fonte, uma fabricante de fechaduras. Meu pai se tornou fornecedor de uma grande construtora de São Paulo, a Alfredo Mathias. O dono era um cara visionário que fez o Iguatemi São Paulo em 1966, o primeiro shopping do país, e também o Portal do Morumbi, o primeiro desses condomínios de apartamentos com grandes áreas de lazer que hoje são comuns. Construiu também o Centro Empresarial, um conjunto de prédios comerciais na zona sul da capital paulista. Era um sujeito avançado, que testava coisas novas, mas que, infelizmente, por diferentes razões, acabou tendo dificuldades e quebrou. Tinha uma dívida com meu pai, que aceitou trocá-la por cotas do Iguatemi em 1979.

Nos anos 1970, porém, shopping não era um bom negócio no Brasil. O Iguatemi São Paulo quase não crescia e pouca gente acreditava no setor. O comércio de rua estava no auge. Em São Paulo, o destaque era a rua Augusta, onde ficavam as lojas das melhores marcas que existiam no país. Não havia, na época, problema de segurança, nem de estacionamento. Mas meu pai olhou para a frente, para outros países, como os Estados Unidos, e acreditou que os shoppings ganhariam espaço aqui, o que acabou acontecendo. Ele assumiu também o Iguatemi Campinas, no interior de São Paulo, que estava em obras. Eu me apaixonei pelo Iguatemi e por esse universo vendo meu pai trabalhar. Visitávamos as obras em Campinas todos os finais de semana. Ele trabalhava, eu ficava jogando bola com meus irmãos. Só que foi um período difícil. Quando o shopping ficou pronto, em 1980, nenhum carro entrava. Lembro-me do meu pai dizendo para a minha mãe que ia quebrar. Levou dez anos, mas o shopping finalmente "pegou" e hoje é um dos mais sólidos do país. A Iguatemi Empresa de Shopping Centers teve lucro líquido de 219 milhões de reais em 2017, um avanço de 33% sobre o ano anterior.

Eu me formei em administração de empresas na Fundação Getulio Vargas de São Paulo, em 1994. Mas meu pai achou que eu ia ser político, então me mandou para o Ceará para morar com meu tio, Tasso.[1]

---

1 Tasso Jereissati foi governador do Ceará em três ocasiões (1987-90, 1995-8 e 1999-2002). Em 2018, estava em seu segundo mandato como senador.

Fui trabalhar em outro negócio da família, um moinho de trigo. Passei dois anos lá, o que foi interessante para conhecer a realidade fora de São Paulo. É preciso entender como outros estados funcionam para conseguir fazer negócios. Fizemos um grande investimento para modernizar a produção de trigo, a empresa progrediu, aprendi muito. Mas descobri que eu queria mesmo trabalhar com shoppings. Em 1996, já tínhamos seis shoppings — como o Iguatemi de São Paulo e o de Campinas, o Market Place, na capital paulista, e o Praia de Belas, em Porto Alegre. Trabalhei em várias áreas no Iguatemi de São Paulo — financeira, planejamento, recursos humanos. Em seguida, fui para Porto Alegre, para ser gerente-geral do Praia de Belas. Quando assumi esse cargo, estava bastante tranquilo, porque conhecia bem a empresa e as exigências da posição. Depois de um ano, virei diretor de operações do Sul. Fiquei nessa posição por dois anos e, em 2002, me tornei superintendente do grupo. Era uma espécie de diretor de operações. Meu pai era o presidente, mas eu cuidava de boa parte do dia a dia. Tinha 31 anos. Três anos depois, assumi a presidência da companhia.

Eu achava que era o momento de investir mais na empresa. O problema é que não tinha o capital. Mas, em 2005, o país estava numa fase interessante, atraindo recursos externos. Várias empresas começaram a abrir o capital na bolsa de valores e achamos que esse era um caminho para a Iguatemi. Fomos a primeira empresa do setor de shoppings a ver essa oportunidade. Levantamos cerca de 550 milhões de reais em 2007. Depois disso, fizemos mais duas captações de recursos na bolsa e conseguimos mais de 800 milhões de reais. Tínhamos seis unidades em 2007 e passamos para dezessete em 2018, incluindo um outlet premium no Rio Grande do Sul. Em 2017, nossa receita líquida foi de 692 milhões de reais, quase 4% maior que a do ano anterior, e a geração de caixa[2] chegou a 540 milhões de reais, o que representa uma margem de 78%, superior à que havíamos previsto.

2 Equivale ao Ebitda (ver cap. 3, nota 2).

Tendências e modismos

Temos uma estratégia clara, que é ser referência nos setores de shoppings, consumo e lazer de alto e médio padrão no Brasil. Não ficamos mudando de estratégia toda hora, e acho essa constância importante. Quando abrimos o capital, dissemos para o mercado que faríamos mais do mesmo. Não pegou muito bem. Naquela época, o tema do momento era a emergência da classe C. Muitas incorporadoras abriram o capital e criaram empresas tendo como objetivo apenas construir para a baixa renda. Também foram construídos shoppings populares. Depois de um tempo, ficou claro que houve um excesso de otimismo com isso. Parte da ascensão da classe C foi impulsionada pela transferência da renda dos impostos para o consumo, algo insustentável. Não se fabrica renda simplesmente transferindo impostos para programas de benefício. É necessário ter investimentos e geração de emprego, e isso não estava acontecendo no Brasil. Uma coisa é tendência, e outra é modismo. É preciso ser bastante criterioso e seguro do seu modelo para não se render às ondas. Temos uma marca, uma identidade, e queremos preservar isso.

Queremos que a cultura do grupo seja a da inovação e da excelência. Transmitimos isso pelo exemplo. Ao longo dos anos, trouxemos para o Brasil um estilo de design — com as fachadas em arcos, os toldinhos vermelhos, os pisos brancos, as estruturas de metal com vidros e o uso de flores para decoração, por exemplo — que se tornou quase um modelo para outros shoppings que querem atrair um público de alto padrão. Chegamos a desenhar, em conjunto, o projeto arquitetônico de algumas lojas, como a Fast Shop, o Pão de Açúcar que fica no Iguatemi de São Paulo e o restaurante Rodeio. Acredito que os shoppings no Brasil são melhores por causa da Iguatemi. Fomos nós que reintroduzimos aqui a possibilidade de reservar assentos no cinema, por exemplo, depois de décadas sem isso. Percebemos que o cinema havia se transformado num programa ruim: ou a pessoa ficava numa fila enorme para conseguir um lugar bom ou chegava depois e sentava na frente, onde não queria. Quando fizemos a reforma do Iguatemi São Paulo, em 2013 e 2014, insistimos com a operadora de cinema, a americana Cinemark, para fazer o sistema com reserva. Acabou sendo um sucesso e muitas empresas copiaram.

Também faz parte da nossa estratégia estar atentos a oportunidades em setores próximos aos nossos. Além de shoppings, começamos a desenvolver escritórios. É uma combinação que faz todo sentido; afinal, quem trabalha nos escritórios pode almoçar nos shoppings, fazer compras, enfim, resolver a vida. Isso valoriza o prédio comercial e gera mais público para os shoppings. Apostamos bastante nesse modelo.

O Brasil é um país sujeito a oscilações, e as empresas devem estar preparadas para enfrentar os altos e baixos. Um bom gestor também precisa entender as forças que atuam no seu setor e podem influenciar seu negócio e olhar para a frente, para tentar prever as tendências. Temos uma área de planejamento que está o tempo inteiro avaliando o mercado, aqui e no exterior, e levantando informações e dados para montar nosso modelo de acompanhamento. Essas informações são levadas ao comitê executivo, que é formado por quatro vice-presidentes e três diretores. Fazemos uma discussão facilitada, com um tema central. Debatemos o assunto e, dessa reunião, saem as linhas mestras do planejamento estratégico anual. Alinhamos com o corpo diretivo da companhia, que é composto de cerca de cinquenta pessoas, aí criamos as metas e passamos a mensagem adiante.

Os funcionários, a partir do nível de coordenação, têm uma parcela da remuneração variável. Parte do bônus depende de atingir as metas individuais, um critério bem objetivo. Mas outra parte é baseada na avaliação de um grupo de gestores, que dão uma nota com base na percepção do trabalho e no potencial dos profissionais. Além disso, os executivos têm um programa de incentivo de longo prazo, de compra de ações da empresa. Um dos meus papéis centrais, como CEO, é olhar para a organização como um todo e tentar encaixar as pessoas onde acho que elas vão se sair melhor. Se algo dá errado, não saímos demitindo. Procuramos entender e ver se o problema não é o fato de aquele funcionário estar trabalhando numa área que não tem a ver com ele. O segredo é tentar identificar as competências das pessoas, suas melhores habilidades, e colocá-las nas caixinhas correspondentes.

A família nos negócios

Muito da maneira como eu trabalho tem a ver com os valores da minha família. Lembro-me de ouvir, desde pequeno, meu pai dizendo que trabalho é um hábito. A partir dos quinze anos, quando eu saía de férias de verão, passava o primeiro mês inteiro praticamente trabalhando com ele. Íamos para alguma empresa e ele arrumava alguma coisa para eu e meus dois irmãos fazermos. Matricular o filho numa boa escola ajuda, mas não é isso que vai dar a formação. Lá, ele vai aprender o conteúdo, o ensino formal, mas o incentivo ao esforço e à dedicação vem da família.

Isso deu muito certo, mas, há alguns anos, sentimos a necessidade de desenhar uma estrutura para organizar a participação da família nos negócios. Afinal, a terceira geração vem aí. O modelo ficou pronto em 2013. Algumas famílias são muito grandes, então não há espaço para todo mundo trabalhar nas empresas. Não é o caso da nossa. Achamos que as pessoas têm de começar a trabalhar cedo no grupo, para que entendam os negócios e decidam o que querem fazer — ou, eventualmente, decidam que não querem participar. Temos filtros, com base em meritocracia, para determinar a ascensão de membros da família, mas eles não são feitos para afastar as pessoas do negócio. Ao contrário: queremos que a família participe. Também temos preocupação em preparar os membros da família para serem acionistas e conselheiros, e eles precisam conhecer as empresas para ocupar essas posições. Os acionistas e conselheiros são obrigados a tomar decisões de alto nível, mas, sem a sensibilidade do dia a dia, é muito mais complicado. Eu e meus irmãos mais velhos trabalhamos no grupo e, por sorte, nossas competências são complementares. Assim, cada um foi ocupando um espaço. Minha irmã, Erika, é vice-presidente de Mix e Varejo da Iguatemi, e meu irmão, Pedro, é presidente da holding, o Grupo Jereissati, que reúne os investimentos da família. Os principais investimentos, hoje, são Iguatemi, JPSP Investimentos e Participações S.A. e Alium Participações S.A. Tenho ainda uma irmã mais nova, de sete anos. Fomos criados como família, nos damos bem, então sempre trabalhamos como equipe. Discutimos as decisões e temos visões comuns sobre a estratégia e os investimentos do grupo. Lembro-me de uma palestra do empresário Jorge Gerdau em que ele dizia que era importante dividir as responsabilidades dentro da família, e não pôr cada membro para tocar um negócio. Isso porque, se um negócio vai mal, a família inteira cai em cima do responsável. Pode ser circunstancial, mas acaba gerando atritos e separando as pessoas. Nós seguimos essa orientação.

Meu pai tem uma forte cultura do empreendedorismo. Na segunda geração precisamos alinhar essa cultura de empreendedorismo com uma forte capacidade de gestão. O negócio cresceu muito e ainda tem muita perspectiva de crescimento. Acredito na importância da organização: não quero ter apenas um negócio funcionando bem, mas um conjunto de atividades semelhantes que possam criar um grupo maior.

Mitos e verdades sobre o comércio eletrônico

O último grande ciclo de investimento que fizemos se encerrou em 2014, quando inauguramos o Iguatemi São José do Rio Preto, no interior de São Paulo. Isso porque, em 2012, olhávamos a situação do Brasil e achávamos que havia algo errado, um artificialismo no comportamento da economia. O governo fazia enormes concessões para manter o consumo rodando, o que dava a entender que a economia estava no oxigênio, sem fôlego para caminhar sozinha. Hoje, vemos que segurar os investimentos foi a decisão acertada, porque o país acabou entrando numa recessão violenta.

Uma mudança que nos afeta é o crescimento do varejo on-line, mas é preciso analisar essa tendência com discernimento. No passado, quando surgiu a televisão, disseram que o cinema ia morrer, mas está claro que são formas de entretenimento complementares. Isso não quer dizer que o comércio eletrônico não vá afetar as lojas físicas e os shoppings, então não dá para ficar parado. O varejo precisa se remodelar para continuar relevante e competitivo. Algumas lojas já estão fazendo isso: estão mais voltadas à experiência do que apenas à venda. Marcas como Apple, Lego, Nike e Samsung têm lojas cujo objetivo central é mostrar as marcas e deixar o consumidor ver os produtos e testá-los, experimentá-los. Os shoppings, para continuar atraindo o público, estão investindo para ter mais e melhores opções de lazer, gastronomia e serviços, como academias, parques infantis e restaurantes diferenciados.

Analisar a evolução do varejo nos Estados Unidos é importante e dá algumas pistas do que pode acontecer aqui. Mas é preciso levar em conta que são mercados diferentes. Houve um excesso de construção de lojas e shoppings nos Estados Unidos. Nos últimos anos, muitos estão fechando e o mercado está se readaptando a um novo cenário de competição. Hoje, o consumidor da China ou do golfo Pérsico não precisa mais ir a Nova York para comprar as marcas que quer usar — pode fazer isso pela internet. Mas há outro movimento em curso. Os americanos que moram nos subúrbios estão envelhecendo e muitas vezes não querem andar vinte minutos de carro, pegar trânsito, para fazer compras num shopping. É muito mais cômodo comprar on-line. A situação é diferente nas grandes cidades brasileiras, que são verticalizadas, ou seja, as pessoas moram perto do centro, e ainda é prático fazer compras em lojas físicas. Houve um excesso de construções de shoppings no Brasil nos anos de crescimento econômico, mas em cidades menores. Os shoppings das capitais, em geral, têm boa circulação. Além disso, as pessoas marcam encontro nos shoppings, fazem reuniões de negócio, vão almoçar, cortam o cabelo. Nosso desafio é continuar vendendo essa conveniência.

5. Eduardo Fischer

COPRESIDENTE DA INCORPORADORA MRV

Neto, filho e sobrinho de engenheiros, Eduardo Fischer trabalha na MRV, incorporadora fundada por seu tio, Rubens Menin, desde os dezoito anos. Foi estagiário, engenheiro e coordenador de obras, até chegar a diretor. Desde 2014, divide a presidência da empresa com seu primo, Rafael Menin. Com valor de mercado de quase 7 bilhões de reais,[1] 25 mil funcionários e especializada no segmento de baixa renda, a MRV é a maior incorporadora de capital aberto do país. Também é a maior da América Latina em número de imóveis construídos por ano, número que chegou a 40 mil em 2017. Fischer tem 44 anos, é casado e pai de dois filhos.

Uma empresa dividida — no bom sentido

Venho de uma família de engenheiros. Meus avós se conheceram na faculdade de engenharia. Minha avó, Maura Menin Teixeira de Souza, foi a quarta engenheira formada em Minas Gerais. Meu tio, Rubens Menin, também engenheiro, foi um dos fundadores da MRV,

1 Em maio de 2018.

em 1979. Os outros sócios são primos dele, Márcio Menin e Homero Matos, que era dono da empresa de engenharia Vega. A sigla representa os três fundadores, Márcio, Rubens e Vega. Apenas o Rubens continua na MRV: em 2018, era o maior acionista, com 35% do capital da companhia, e presidente do conselho de administração. Meu pai também é engenheiro, só que é especializado em hidrologia.[2] Quando eu era criança, dizia que queria ser engenheiro de pedra, e não de água, como meu pai. Comecei a trabalhar na MRV aos dezoito anos. Mas, quando chegou a hora de fazer faculdade, fiquei na dúvida sobre qual curso escolher. Então meu pai disse que eu não precisaria necessariamente trabalhar na área do curso que fosse fazer. O melhor, disse ele, era escolher um curso que desse uma formação ampla, que me permitisse trabalhar em setores diferentes. Engenharia tem essa vantagem.

Escutei meu pai — em termos. Decidi que ia estudar engenharia civil e também economia, que era um assunto que me atraía. Minha rotina era sair de casa às seis da manhã para a faculdade de engenharia, trabalhar na MRV à tarde e estudar economia à noite. Chegava em casa exausto às onze horas, até que acabei largando o curso de economia. Fiquei só com a engenharia e a MRV.[3] Acho o trabalho numa construtora muito bacana, porque saímos do nada — de um terreno e um projeto — e vemos a ideia tomando vida aos poucos. Quando termina, a sensação de realização é muito grande. Por ter começado a trabalhar cedo, passei por todas as áreas técnicas da MRV. Fui estagiário, engenheiro de obra, coordenador de obra e diretor. O Rafael, meu primo e copresidente da companhia, tem uma trajetória parecida. Ele é mais novo que eu, então foi meu estagiário, e também passou por áreas diferentes na empresa.

A transição para nos tornarmos presidentes da MRV começou em 2012. Nesse ano, o Rafael e eu viramos COOs, ou seja, passamos a comandar a vice-presidência operacional e dividimos a empresa entre nós — geográfica e operacionalmente. A MRV está presente em

2 Ciência dedicada ao estudo das águas.

3 Ele se formou na Fundação Mineira de Educação e Cultura em 1999.

148 cidades, de 22 estados.[4] Eu passei a cuidar da operação em São Paulo e no Sul do país e ele, em Minas Gerais e no Nordeste. Também dividimos algumas áreas de negócios: ele cuida dos departamentos financeiro e administrativo e eu, do jurídico e de relações institucionais. Fora isso, fazemos uma gestão compartilhada das áreas comercial, de crédito imobiliário e produção. O risco desse tipo de gestão é rachar a companhia em duas, que obviamente não era o que queríamos. A vantagem é poder acompanhar de perto as diferentes áreas da empresa. Para fazer o modelo funcionar da melhor maneira, é preciso ter disciplina e um pensamento alinhado. É claro que pensamos diferente em alguns aspectos, mas, quando isso acontece, sentamos e encontramos o ponto comum. Não pode acontecer como em algumas famílias, em que o filho pede algo para o pai porque sabe que a mãe não vai deixar. Na MRV, existe coesão. Mas sei que é um desafio gigante. Acho que funciona porque somos nós dois: nos conhecemos desde criança e nos entendemos muito bem. Nessa transição para virar CEOs, também contamos com a assessoria da consultoria Boston Consulting Group, que acompanhou nosso dia a dia durante um período e ajudou a ajustar o modelo. Os consultores disseram que não era uma gestão usual, que os riscos de problema eram grandes, mas que podia ser útil numa empresa com as características da MRV. Foi o que aconteceu. A divisão de tarefas funciona bem.

Nosso negócio tem algumas peculiaridades. Somos chamados de indústria da construção, mas, de indústria mesmo, temos pouco. Dependemos do trabalho de pessoas especializadas, mas com baixa qualificação, que fazem um trabalho quase artesanal, instalando pisos, janelas, louças. Além disso, é difícil ter ganhos de escala porque um empreendimento imobiliário não é uma commodity. Cada imóvel é único: tem seu perfil, público e localização. Por isso, é preciso ter pessoas que conheçam cada mercado no detalhe. Não adianta ter uma noção geral do que é São Paulo, Rio de Janeiro ou Minas Gerais. Uma decisão errada pode aumentar nossos custos em mais

4 Em 2018.

de 50%. No limite, pode quebrar a empresa. Gostaria de poder centralizar todas essas decisões, mas não dá. Isso engessaria demais a empresa. Então tento garantir que terei pessoas competentes na ponta da cadeia, tomando boas decisões. Mas delegar não é abdicar, por isso eu e o Rafael criamos esse sistema de acompanhamento in loco. Nós dois sempre participamos diretamente da operação. Acompanhamos a escolha dos terrenos, o andamento das obras, a rotina dos escritórios em diferentes cidades. Toda semana, durmo em, no mínimo, três camas diferentes. A sorte é que posso dividir com o Rafael, senão passaria ainda menos tempo em casa. Mas acho que essa barriga no balcão é um diferencial, é o que aumenta nosso nível de acertos.

Fugindo da bolha paulista

As grandes incorporadoras e construtoras estão em São Paulo e fazem empreendimentos voltados para o mercado paulista — geralmente, de médio, alto e altíssimo padrão, porque a renda é maior que a média nacional. Isso não existe na maioria das cidades do país. A MRV não vive nessa bolha que é o mercado paulista. Nosso foco é a base da pirâmide: jovens e demais consumidores de renda mais baixa, que estão comprando seu primeiro e quem sabe único imóvel. O preço médio de um imóvel da MRV é de 150 mil reais. Também fazemos grandes empreendimentos. Em 2017, lançamos um na zona leste de São Paulo com 7 mil apartamentos. É um bairro: nós construímos ruas, parque, creche, espaço para comércio, posto de policiamento. Também passamos todo o cabeamento, em geral, subterrâneo. Nossos empreendimentos são nosso cartão de visitas; então, precisam ser bem executados e valorizar com o passar do tempo. Ao longo dos 39 anos da empresa, até março de 2018, vendemos 334 mil unidades. Um em cada duzentos brasileiros mora em imóvel da MRV — um total de cerca de 1 milhão de pessoas.

O Brasil forma mais ou menos 1,2 milhão de novas famílias por ano e produz cerca de 500 mil habitações no mesmo período, o que significa que o déficit habitacional só cresce. Para quem tem uma construtora, é um dado maravilhoso. Quando a economia brasileira começou a acelerar, a partir de 2006, e o acesso ao crédito aumentou, muitas empresas passaram a construir bem mais. Algumas abriram o capital e usaram os recursos captados para crescer ainda mais. A MRV abriu o capital em 2007. A consequência desse aumento da concorrência foi a disparada dos preços dos insumos e do custo da mão de obra. Assim, crescemos como nunca, mas a rentabilidade caiu. Em 2007, produzíamos 4 mil unidades por ano. Em 2011, chegamos a 40 mil. Já a nossa margem bruta caiu de 40% para 26%. A margem líquida, que ficava em torno de 12% ao ano, baixou para cerca de 10%. E aí veio a crise. A economia começou a desacelerar e, em 2014, dava para ver que a crise se tornaria grave, como aconteceu em 2015 e 2016, quando o país entrou em recessão. O crédito secou e o desemprego aumentou, e não sabíamos como nosso cliente potencial se comportaria diante daquele cenário. Mesmo que ele continuasse trabalhando, o temor de perder o emprego — já que era comum ver algum familiar ou vizinho ser demitido — poderia fazê-lo se retrair. Para nossa surpresa, isso não aconteceu. Crescemos mesmo com o desemprego disparando, o que é um sinal de que a demanda é maior que a oferta. Aprendemos a lição e, por isso, nosso plano é continuar crescendo. Se não ocuparmos esse espaço, outros concorrentes o farão.

Aprendemos outras lições durante a crise. Uma delas foi que é bastante complicado crescer via aquisições no mercado imobiliário. A contabilidade desse setor é diferente, porque a receita não é apurada na hora da venda, mas à medida que se constrói o empreendimento. Também é aí que vemos qual é o custo. Fazemos uma previsão, mas ela pode não se materializar. Por isso, é difícil calcular quanto uma incorporadora vale de fato. Outra lição foi que é preciso ter fluxo de caixa. A MRV gasta 250 milhões de reais por mês apenas pagando as contas das obras em andamento — uma parcela relevante da receita, porém, só é paga depois que o empreendimento está pronto. Precisamos estar preparados para aguentar solavancos. Não falo só de crise econômica. O principal banco que financia nossa operação é a Caixa Econômica Federal. Se o banco entra em greve, ou tem algum entrave administrativo, o repasse dos recursos atrasa. Isso já aconteceu algumas vezes, e conseguimos sobreviver. Parece óbvio, mas, na hora da euforia, vendo os concorrentes construindo como nunca, empresas que têm uma quantidade razoável de dinheiro em caixa parecem conservadoras demais. Mas é preciso manter a disciplina.

Ao contrário do que muitos pensam, não precisamos do Minha Casa, Minha Vida para crescer. Esse programa do governo federal, que basicamente consiste em dar financiamento com juros menores e, para pessoas de renda mais baixa, subsídio para comprar imóveis, começou em 2009 — trinta anos depois da fundação da MRV. A empresa abriu capital e traçou um plano de expansão em 2007. É claro que o Minha Casa, Minha Vida ajuda, e muito, mas conseguimos crescer se temos acesso a financiamento relativamente barato — para a empresa e os clientes. Quando os juros sobem, a vida fica mais difícil.

O lego da MRV

Sou viciado em longo prazo porque o ciclo de uma incorporadora é extenso. Entre comprar o terreno e entregar o empreendimento, passam-se entre cinco e sete anos. Nossos projetos são grandes, dependem de uma série de aprovações de reguladores (prefeitura, órgãos ambientais), então o prazo total pode chegar a dez anos. Quando abrimos o capital, passamos a ser cobrados por resultados trimestrais. Fazíamos reuniões com analistas e investidores, e muitos vinham dizer como tínhamos de tocar nosso negócio. Quase entramos numa crise existencial: será que precisamos mudar mesmo? Ser mais agressivos? Comprar mais terrenos? Comprar empresas? Não fizemos nada disso. Tenho respeito pelo que os profissionais do mercado pensam, mas tenho mais respeito ainda por quem conhece a companhia. Estou preocupado com o que vai acontecer nos próximos três anos, não nos próximos três meses.

O tempo de construção gera um grande impacto sobre a rentabilidade. Quanto mais rápido erguermos um empreendimento, maior a margem. Para encurtar esse prazo, mudamos o processo construtivo em 2013. Passamos a usar fôrmas metálicas e construímos um pavimento por dia. Parece um lego: o pessoal monta a fôrma, coloca concreto e deixa endurecer, o que leva doze horas. Na manhã seguinte, tira a fôrma, coloca um andar acima e faz tudo de novo. Dessa maneira, construímos um pavimento por dia e o prédio todo em dez meses — no passado, levávamos dois anos. Nosso desafio, agora, é ter visão de varejo. O objetivo é garantir que as cidades em que atuamos tenham imóveis novos na periodicidade adequada para aquele mercado. Assim como os supermercados precisam ter diferentes tipos de xampus para vender todos os dias, eu tenho de abastecer os municípios com produtos variados. Como levo anos para entregar, desde a compra do terreno, análise e planejamento são fundamentais. Não posso ter oferta demais, ou perco dinheiro. Mas, se não tiver o que vender, posso perder espaço para os concorrentes. Outra vantagem dessa visão de varejo é manter os trabalhadores. Se uma obra acaba e não há uma nova, os empregados vão para outras empresas. Às vezes, mudam de cidade. Quando volto a construir, preciso treinar novos funcionários, o que leva tempo e custa caro. Se tiver uma rotina de construções, consigo manter também os trabalhadores e ganhar produtividade.

Uma empresa com várias famílias

O planejamento estratégico é feito a cada três anos e é revisado anualmente, junto com o orçamento. O prazo é longo para acompanhar o ciclo de produção. Não conseguimos fazer mudanças rápidas. Feito o planejamento, definimos as metas de vendas a cada trimestre, os mercados em que pretendemos entrar e também o tamanho que queremos ter — ou seja, quantas unidades vamos lançar. O Rubens acredita que existe espaço para uma empresa que lance 70 mil unidades por ano. Nosso plano para 2018 era consolidar 50 mil unidades. Não basta conseguir construir. É preciso ter uma boa equipe de retaguarda, capaz de aprovar projetos, vender e gerenciar clientes.

O acompanhamento do plano é feito semanalmente. Às segundas-feiras, fazemos uma reunião que envolve os dois presidentes e os vice-presidentes — às vezes, o Rubens também participa. Acontece às segundas porque é o dia em que os executivos estão na sede, em Belo Horizonte. No restante da semana, todos viajam. Nessa reunião, discutimos a parte operacional: falamos sobre o que pretendemos lançar e estratégias para atingir metas de vendas.

Temos mais de dez anos de capital aberto, mas o Rubens, fundador, ainda é muito presente no dia a dia. Ele tem outros negócios,[5] mas participa, e isso ajuda a manter a cultura da empresa. Faz parte da nossa cultura querer ter profissionais com muito tempo de casa. É comum ver gerentes e diretores com mais de quinze anos de empresa. Valorizamos isso. Também gostamos de indicação. Gostamos quando um profissional indica o irmão, a esposa, o filho para trabalhar na companhia — desde que, é claro, eles tenham a qualificação necessária. Algumas empresas desprezam esses comportamentos. Acham que quem fica muito tempo no mesmo lugar é acomodado, e que trabalhar com parentes é um problema. Nós pensamos o contrário: vemos como sinal de que os profissionais confiam na MRV e vão fazer de tudo para a empresa continuar se desenvolvendo. Temos várias famílias na companhia, a começar pela minha. Isso também ajuda a disseminar a cultura pela organização.

Essa cultura tem um impacto na maneira como gerenciamos e remuneramos nosso pessoal. Quem não mede não gerencia, e uma empresa que não tem um sistema meritocrático não vai para a frente. Acreditamos nisso, mas somos tolerantes. Quando metas não são cumpridas, procuramos entender os motivos antes de tomar decisões drásticas — fazer demissões, por exemplo. Às vezes, olhamos para fora e achamos que os funcionários perfeitos estão nas outras empresas. Quando contratamos, vemos o óbvio: eles também têm defeitos. Então pode ser melhor trabalhar para resolver os defeitos

5 Rubens Menin é presidente do conselho de administração do banco Inter. Também fundou a Log, empresa de condomínios logísticos, e a Urbamais, de loteamentos. Ambas têm a MRV como sócia.

de quem já está na MRV. Se alguém teve três anos muito bons e tropeçou no quarto, merece uma chance. Além disso, como nosso ciclo é longo, leva um tempo para conseguirmos medir o desempenho dos funcionários. Mas, claro, há pessoas que não entregam resultados nunca, e essas precisam sair. Temos metas anuais — algumas com revisão semestral — para todos os funcionários, incluindo os que ficam nos canteiros de obras. Quem bate as metas recebe bônus, além de participação nos resultados da companhia. Para alguns profissionais, a compensação inclui a distribuição de ações. A escolha de quem vai receber ações é absolutamente artesanal. Em geral, a diretoria recebe, mas também podemos dar ações a um engenheiro que tem muito potencial. A cada ano, em torno de cem pessoas recebem ações. Esse é um incentivo de longo prazo, porque determinamos que esse funcionário só vai ter o direito de vender suas ações depois de oito anos. É uma maneira de manter os profissionais de destaque na empresa, e de alinhar os interesses com os dos acionistas. Como nosso ciclo de produção é longo, o resultado efetivo de um empreendimento só aparece depois de alguns anos. Pode ser que, no meio da construção, esteja tudo bem, mas, no final, os custos aumentem, ou os compradores fiquem sem dinheiro para pagar tudo o que devem. A remuneração precisa refletir isso.

Algumas empresas têm regras, no estatuto, que determinam que os executivos devem se aposentar quando chegam a uma determinada idade — 65 anos, por exemplo. Nós não temos isso. Não vemos a idade como um problema. A empresa é grande e está crescendo — isso, por si só, cria espaço para os novos talentos. Não precisamos aposentar bons profissionais para abrir espaço para os mais jovens. Um funcionário experiente vale ouro.

"É impossível virar CEO e achar que não vai trabalhar muito"

Há alguns anos, sentimos que nossos funcionários tinham a necessidade de encontrar um propósito e passamos a incentivar o trabalho voluntário. Depois de um tempo, em 2014, resolvemos formalizar essa atuação e criamos o Instituto MRV, do qual sou presidente também. Em 2018, 1300 funcionários nossos participavam de projetos sociais do instituto, voltados principalmente para a educação e a preservação ambiental. Todos os anos, destinamos 1% do lucro da MRV para ações do instituto. Um dos nossos projetos é o Escola Nota 10, de alfabetização básica dentro dos canteiros de obras. Em 2018, tínhamos 170 escolas e já havíamos alfabetizado mais de mil colaboradores. É emocionante ouvir as histórias de adultos que conseguiram ler pela primeira vez. Além disso, esses trabalhadores ficam mais produtivos e tendem a querer permanecer na empresa, o que também aumenta nossa eficiência.

O mercado de construção é bastante regulado. Interagimos muito com as prefeituras e, de vez em quando, com o Ministério Público. Faz parte do nosso dia a dia, e do de concorrentes, ter os projetos questionados, as aprovações revistas. Temos cinquenta advogados para fazer frente a isso. É importante ter controle do setor público. Também é verdade que as construtoras geram um impacto ambiental e no trânsito das cidades. Mas também acho vital considerar que existem milhões de pessoas sem moradia. Se elas não forem construídas, e rápido, essas pessoas vão dar um jeito. Assim surgem as favelas e as ocupações, que, em alguns casos, põem a vida de quem mora ali em risco. Isso também gera impacto. Será que o Rio de Janeiro estaria do jeito que está se, na década de 1960, a urbanização tivesse sido feita de forma correta?

É impossível se tornar CEO e achar que não vai trabalhar muito. Não é assim que a vida funciona. Eu sempre trabalhei demais, então minha esposa, felizmente ou não, já se acostumou. Sou casado há dezoito anos e estou na MRV há 25 anos, então a nossa vida foi construída em torno da empresa. Mas tento estar presente mesmo estando longe, porque é importante ter equilíbrio familiar. Quando esse equilíbrio se rompe, as pessoas perdem a referência.

Ficar desinformado é um sofrimento enorme. Nos finais de semana, tento acordar mais cedo que todo mundo, ler as notícias e trabalhar um pouco. Quando eles acordam, paro e ficamos juntos.

Nas férias, sempre trabalho um pouco, troco e-mails com o Rafael, mas não o tempo inteiro. Fazemos programas juntos. Estou vivendo uma experiência fantástica e quero dar o meu melhor. Minha esposa tem um papel fundamental porque ela está sendo a referência na formação dos meninos. Certamente, não conseguiria me dedicar tanto se ela não tivesse decidido assumir esse papel. Conciliar carreira e família nesse nível é uma decisão familiar. É impossível fazer sozinho.

6. Eduardo Mufarej

EX-PRESIDENTE DO GRUPO DE ENSINO SOMOS EDUCAÇÃO E FUNDADOR DO RENOVABR

Sócio da gestora de fundos Tarpon desde 2004, Mufarej foi gestor de investimentos e conselheiro de empresas como a fabricante de calçados Arezzo e a companhia de energias renováveis Omega. Também presidiu a própria Tarpon até que, em 2015, ela comprou o controle da então Abril Educação e Mufarej se tornou presidente da companhia, que mudou de nome para Somos Educação. Dona de marcas como Anglo e Red Balloon e das editoras Saraiva, Ática e Scipione, a Somos foi comprada pela concorrente Kroton em abril de 2018. Pouco antes disso, Mufarej saiu da Somos para se dedicar à política. Fundou o RenovaBR, que ajuda a preparar futuras lideranças políticas. Tem 41 anos, é casado e pai de três filhos.

Precisamos falar sobre educação

Sou paulistano, filho de professora. Meu pai foi executivo de empresas do setor de autopeças a vida inteira. Quando eu estava prestando vestibular, minha primeira opção era estudar jornalismo. Passei na primeira fase do vestibular para a Universidade de São Paulo, mas, antes de fazer a segunda fase, conversei com meu pai e decidimos que eu deveria fazer um intercâmbio. Eu não falava inglês muito bem, e o objetivo era melhorar. Acho que o idioma é uma grande barreira de entrada no mercado de trabalho. Dominar o inglês é quase tão importante quanto ter um diploma de ensino superior. Fiquei nos Estados Unidos durante pouco menos de oito meses. Quando voltei, decidi que queria estudar administração de empresas e tive de fazer cursinho para passar no vestibular. Em 1995, com dezoito anos, entrei na PUC de São Paulo, no período noturno, e já comecei a trabalhar. Fiz estágio na área comercial de algumas empresas, depois trabalhei no Citibank, Banco CCF Brasil e, por fim, na área de banco de investimentos do HSBC. No final de 2003, recebi um convite do Zeca Magalhães para me juntar à recém-criada Tarpon e estou lá desde então.[1] Trabalhei em diversas áreas: gestão de portfólio, área comercial, acompanhamento de empresas. A Tarpon tem como filosofia deter participações relevantes no capital de empresas, então também fui do conselho de administração de diversas companhias em que a gestora investiu, como Arezzo, do setor de calçados, BRF, de alimentos, e a Omega, de energia renovável.

A oportunidade para me tornar CEO surgiu sem muito planejamento, e num setor diferente dos que eu conhecia. A Tarpon olhava para o setor de educação básica como um mercado interessante principalmente pela sua dimensão, propósito e resiliência. Em 2017, cerca de 16% dos alunos desse segmento estavam matriculados em escolas particulares, um contingente de quase 7 milhões de estudantes.[2] No início de 2014, soubemos que a família Civita, dona do Grupo Abril, estava buscando um sócio para a Abril Educação, sua operação no setor. O processo já estava em andamento e, dados o nosso interesse na área e o fato de a companhia ser o *player* mais relevante do setor, resolvemos participar. Em junho de 2014, compramos uma participação minoritária, de cerca de 20%, na compa-

1 A Tarpon foi fundada por José Carlos Reis de Magalhães Neto, mais conhecido no mercado financeiro como Zeca Magalhães, em 2002.

2 Dados do Censo de 2017 do Ministério da Educação.

nhia, e passei a ser o vice-presidente do conselho de administração da empresa. Depois de pouco mais de seis meses, fizemos uma proposta à família para aquisição do controle da Abril Educação. A partir do momento em que viramos controladores, eu me tornei presidente da empresa. Foi um passo de altíssimo risco porque minha experiência executiva como CEO vinha de uma empresa de menos de quarenta funcionários, a própria Tarpon.

A marca Abril tem um significado gigantesco para muitos brasileiros. A minha geração cresceu lendo revistas da Abril. Mas, quando assumi a Abril Educação, senti um certo grau de ressentimento nos funcionários. Para eles, toda a ênfase do grupo ficava na área de mídia. A Abril Educação era uma companhia aberta desde julho de 2011. O controle era da Abril, mas havia um distanciamento da família Civita. Além disso, a empresa não era propriamente um grupo, mas uma junção de múltiplas aquisições feitas ao longo dos anos. Havia comprado o grupo de ensino Anglo, as redes de idiomas Red Balloon e Wise Up, o sistema de ensino Maxi e colégios como o PH, no Rio de Janeiro, além de ser dona das editoras Ática e Scipione. As operações não haviam sido integradas, então os funcionários não se sentiam pertencendo a uma mesma plataforma. Foi exatamente aí que decidimos atuar. Até o nome Somos Educação, que a empresa passou a adotar logo depois que compramos o controle, foi escolhido para dar esse sentido de pertencimento. Os funcionários precisavam de acolhimento e referência, e nós oferecemos isso.

No início, a principal missão era conhecer os profissionais e a cultura interna. Acho que a melhor estratégia, ao assumir uma empresa, é não gastar muito tempo com os detratores e os céticos, mas se concentrar nas pessoas que acreditam na companhia e tentar canalizar a energia delas para construir algo coletivo. Normalmente, as empresas com problemas de engajamento têm um viés autoritário, de impor as mudanças. Ao fazerem isso, acabam afastando os funcionários — eles não se sentem donos da estratégia. Na Somos, a construção coletiva foi a criação de uma série de encontros chamada Apaixonados por Educação. Descobrimos, de forma surpreendente, que a empresa não falava de educação. Era como se estivesse em qualquer negócio. Então começamos a trazer o tema para dentro da companhia, promovendo debates por meio desses encontros. Isso também acabou me influenciando. Passei a visitar com frequência grande parte das nossas escolas, clientes e parceiros para falar de educação e, a partir de 2016, comecei a dar aulas de reforço em uma escola pública de São Paulo e no cursinho Anglo.

Um ano e meio de reestruturação

Para começarmos a formar a cultura dessa nova empresa, criamos um pilar que chamamos de Três Is — inteligência, intensidade e integração. No primeiro ano, definimos metas claras para cada um desses "Is". Inteligência significa basear nossas decisões mais em evidências e menos em feeling. Não sou partidário de sacrifícios mortais pelo trabalho, mas acho que os profissionais têm de ser comprometidos. Isso é intensidade. Quando assumimos a empresa, muita gente ia embora às cinco e meia da tarde. Mas a maioria fazia isso porque estava completamente alienada do processo, decisões, das discussões e das reflexões relevantes.

O terceiro I é o da integração. Alguns exemplos de como era a situação quando assumimos. As áreas administrativas de todas as empresas do grupo operavam de forma separada, não havia sinergias. Além disso, os benefícios aos funcionários eram diferentes: alguns tinham plano de saúde, outros não tinham; alguns tinham direito a estacionamento, outros não; e por aí vai. Os operadores das seis escolas que tínhamos não se conheciam e atuavam de forma diferente, sem nenhuma conexão. Iniciamos, então, um processo de simplificação. Num período de um ano e meio, fizemos algumas mudanças relevantes. Uma delas foi analisar as marcas para ver se valia a pena manter todas. Concluímos que a Wise Up não fazia sentido, porque essa empresa era voltada para o ensino de inglês para adultos, enquanto a Somos era especializada em educação básica.

A Wise Up acabou sendo vendida no final de 2015.[3] Além disso, unificamos as estruturas administrativas, o que num primeiro momento provocou demissões, mas reduziu a complexidade. Também pusemos a marca da Somos em todas as escolas, para os pais terem uma referência do grupo que controla aquela unidade.

Foi um processo bastante difícil e um dos momentos mais tensos da minha vida. Em termos financeiros, essa reestruturação provocou um aumento de despesas — com o pagamento de indenizações, por exemplo. Pessoalmente, embora eu tivesse objetivos claros, minha caixa de ferramentas para executar o que havia decidido implementar era muito limitada. Eu não tinha experiência nesse tipo de processo, e acabei cometendo erros. Como havia muito que melhorar, eu já cheguei fazendo, trocando parte da equipe, querendo transformar a empresa. Achei que os resultados seriam rápidos, mas não foram. A Somos tem quatro linhas de negócio separadas — escolas próprias; soluções para o ensino básico; soluções para o ensino técnico e superior; idiomas —, e cada uma com um ciclo comercial diferente. A compreensão da dinâmica do negócio é complexa, pois são negócios distintos dentro da mesma empresa. Então acho que deveria ter dedicado mais tempo para conhecer isso e também para decidir quem demitir e quem contratar.

Em três anos, é possível transformar uma empresa quando os problemas são dívida e a necessidade de fazer algum ajuste rápido no negócio. Mas está ficando claro para a maioria das pessoas que algumas outras mudanças levam tempo. Mais que isso: serão mais bem-feitas com tempo. E, às vezes, existe um descolamento entre a expectativa do investidor e o tempo que as coisas levam para acontecer. Essa é a principal armadilha que deve ser evitada pelos gestores de fundos de *private equity*. É preciso ter clareza do seu mandato, entender o tempo dos investimentos e, claro, pactuar isso com os acionistas. Investir já pensando em quando vai vender também é um

3 A Wise Up foi revendida ao seu fundador, Flavio Augusto da Silva, no fim de 2015, por 398 milhões de reais, menos da metade do valor pago na aquisição da empresa pela Abril Educação em 2013.

problema no Brasil, porque aqui o mercado abre e fecha a todo momento. Vem uma crise e não dá mais para abrir o capital, os investidores estrangeiros ficam mais receosos. Quem depende de uma janela num período específico pode se dar mal. Se der certo, faz negócios maravilhosos. Caso contrário, é um desastre.

No caso da Somos, apesar das dificuldades dos primeiros doze meses e da complicação da economia brasileira, conseguimos fazer as mudanças necessárias. Compramos alguns ativos, vendemos outros, realizamos as integrações, aumentamos a geração de caixa e reduzimos o endividamento da companhia. O ano de 2017 foi bem mais tranquilo.[4] Achei que havia completado meu ciclo como CEO e decidi deixar a função executiva, migrando para a presidência do conselho. Em abril de 2018, a Somos foi vendida para um grande *player* de educação superior, a Kroton, por 4,6 bilhões de reais. O plano de criação de valor da Somos ao ser comprada pela Kroton estava calcado em três pilares. Um deles eram as escolas particulares. Esse é um segmento bastante fragmentado — não existe uma marca nacional de ensino básico no país e há espaço para criá-la, via fusões e aquisições, seja porque muitas escolas ainda são conduzidas por famílias e os filhos não têm interesse em sucessão, seja pelos benefícios de se operar em grandes redes. O segundo pilar é o que chamamos de soluções. Existem cerca de 40 mil escolas particulares no país, e a grande maioria é formada por instituições que precisam de apoio didático. Não estou falando de unidades de ponta, como o Colégio Santa Cruz em São Paulo. Mas de escolas de nível médio que estão em busca de soluções para melhorar sua performance acadêmica — apostilas, livros, sistemas de ensino. A compra da Saraiva Educação, em 2015, foi um passo nesse sentido. E, por fim, o terceiro pilar é o da digitalização do ensino com foco no apoio ao aluno, algo que deve crescer bastante nos próximos anos.

---

4 Em 2017, a Somos teve um faturamento líquido de 1,9 bilhão de reais e uma geração de caixa (Ebitda) de 570 milhões de reais, número que é 14% maior que o do ano anterior. A margem Ebitda foi de 30%.

O perigo de se isolar

No primeiro ano da Somos, eu me envolvi em todos os aspectos da gestão, porque precisava entender como a empresa funcionava no detalhe e também para ter legitimidade e poder dialogar com as pessoas responsáveis por cada negócio, fazer as perguntas certas para obter as respostas de que precisava. Temos operações fragmentadas pelo Brasil inteiro, eu não podia me sentir um turista. Em 2016, como parte da reestruturação, criamos quatro áreas de negócios com bastante independência e metas muito claras de composição de crescimento e geração de caixa. Os líderes de cada uma dessas áreas têm o papel de CEOs. Isso permitiu que eu dedicasse mais do meu tempo à consolidação da cultura empresarial e à reflexão do pensamento estratégico — para onde queremos levar essa companhia, o que vai nos ajudar a criar valor? Vamos ter mais conteúdo digital? Como fica o conteúdo tradicional? Quais são as melhores ferramentas de ensino? O que devemos usar mais em sala de aula? O que devemos usar menos?

Quando deixei a presidência, dedicava 60% do meu tempo à estratégia e 40% ao acompanhamento dos negócios. Mas acompanhava de fato. É importante que os funcionários entendam que existe uma proximidade. Acho que isso faz muita diferença. A racionalização é que devo usar meu tempo para produzir uma diferença. Com isso em mente, a primeira coisa que tinha como hábito e cortei é trazer gente para reuniões. Além do tempo da própria reunião, as pessoas precisam se preparar para aquilo, então a participação delas deve ser realmente vital. E isso também vale para o CEO.

O papel do CEO é solitário. As pessoas não trazem todas as questões. Sempre tentei me apresentar como uma pessoa acessível, disponível. O CEO está ao mesmo tempo protegido e exposto, porque, quando algo dá errado, a conta é dele. Para sair disso, é preciso encontrar uma forma de fazer as questões chegarem até você. Só que, ao mesmo tempo, o CEO não pode ser o para-raios de todos os problemas e ter de tomar todas as decisões. As pessoas precisam ser protagonistas, fazer as coisas acontecerem e assumir responsabilidades. Não é simples, e precisa ser uma preocupação recorrente. Tento fugir da bolha, porque ela de fato existe. Existem algumas coisas importantes que são atribuições do CEO, na minha opinião. Uma é a decisão de como alocar capital. Nesse aspecto, acho que faço diferença por causa do meu passado em instituições financeiras. Também guardei para mim a tarefa de fazer o acompanhamento sistemático de resultados e metas. Fazia isso mensalmente.

Ao assumir a Somos, resolvi expandir o número de funcionários "bonificáveis", que passaram a fazer parte de um processo de avaliação formal que dava direito a receber bônus. O número passou de 120 para trezentos, num universo de cerca de 5500 funcionários. A meta normalmente era financeira. Podia ser trazer um número X de novos clientes, renovar X contratos de parcerias, captar certa quantidade de alunos — dependia da área de cada funcionário. O acompanhamento era trimestral com encontros recorrentes, o que ajudou bastante o processo de autonomia com responsabilidade. Também percebemos que muitos diretores e coordenadores de escola gastam um tempo desproporcional com atividades administrativas. Se um pedagogo está cuidando das contas a pagar, é claro que o resultado pedagógico da escola será ruim. Então estabelecemos metas para as duas áreas, administrativa e pedagógica, e pessoas diferentes supervisionando essas áreas. Assim, conseguimos melhorar a qualidade geral das escolas.

Uma inspiração contra o bullying

No longo prazo, o desafio do setor de educação básica no Brasil é o crescimento. O país está envelhecendo — o que é bom para o setor de saúde, que vem recebendo bastantes investimentos de fundos —, mas problemático para as escolas. Ainda assim, há oportunidades a serem aproveitadas. Uma delas é o ensino técnico. Atualmente, de cada cem alunos que terminam o ensino médio, dezessete vão para o ensino superior, oito vão para a formação técnica e 75 não vão para lugar algum. Se esses 75 tivessem a possibilidade de sair com diploma de formação técnica, fosse qual fosse a habilidade — auxiliar de enfermagem, processamento de dados —, teriam uma evolução importante. Se você perguntar hoje nas periferias das grandes cidades, verá que a maioria dos alunos não quer ir para a universidade, muitos usam até escola particular como preparatório para ingressar em escolas técnicas, que são públicas. Então existe uma demanda e um déficit de vagas.

Outra oportunidade está relacionada ao uso adequado das tecnologias. Existem pretensas fórmulas mágicas na educação. Algumas empresas vendem fragmentos de soluções — um aplicativo, um novo software —, mas é difícil encontrar uma solução que seja integral. Nós sempre evitamos o deslumbramento com as novas tecnologias e buscamos soluções melhores para formação de professores e novos espaços de aprendizagem para os alunos. Desenvolvemos uma ferramenta, que é o Plurall, que tem 130 mil usuários e quase 1 milhão de dúvidas respondidas. É, em essência, uma ferramenta de estudo, voltada para o aluno que tem dúvidas específicas e relativamente simples. O estudante expõe a dúvida e um grupo de monitores responde. Um sistema assim poderia ser transformador para as escolas públicas. Hoje, grande parte dos alunos dessas escolas não tem como tirar dúvidas. Se ele não perguntar antes de ir para casa, ou reza, ou procura na internet. Além disso, as escolas que decidem usar esse sistema com consistência podem acompanhar o desenvolvimento dos alunos por meio de intervenções curtas. Isso não é muito usado no Brasil. Esperamos as provas para ver se o aluno aprendeu — e, às vezes, é tarde demais. É preciso inverter essa dinâmica e tentar resolver os problemas mais cedo.

Um desafio enorme para as escolas é como lidar com o bullying. As escolas não estão acostumadas a dialogar, e vi uma experiência diferente na Espanha. É uma iniciativa da Uva, Universidad de Valladolid, que implementou há uns vinte anos um projeto de convivência que deveria servir de inspiração. Os estudantes elegem dentro das turmas outros alunos que vão formar uma equipe de ajuda cuja função principal é observar, na dinâmica de sala de aula, quem está sendo excluído e por quê. Não é uma milícia interna. A equipe não interfere: observa e leva as conclusões para o diretor, que, com base no diálogo, tenta entender por que isso está acontecendo e o que pode ser feito para mudar. Fui visitar um colégio em Valladolid e as fotos de graduação me chamaram a atenção. Há vinte anos, você via os estudantes de camisa rasgada, desleixados, bastante rebeldes. Já nas mais recentes, os meninos de terno e gravata, as meninas bem-vestidas. Houve um processo de aumento da autoestima e conexão entre os alunos. Eles ganharam autonomia e também a chance de dialogar e estabelecer regras de convivência ética. Começamos a implementar isso nas escolas da Somos e os resultados passaram a ser sentidos de forma quase imediata, ampliando o vínculo dos alunos com a escola. Não foi um passo fácil, pois pressupõe que o aluno fala de igual para igual com o professor. Esse diálogo, na educação brasileira, é um tabu.

Comandar a Somos foi uma experiência incrível, mas tenho consciência de que minha família pagou um pouco da conta, o que não é exatamente justo. Fiquei dois anos sem férias. Tenho três filhos, e o mais novo, o Antônio, nasceu enquanto estávamos negociando a compra da Saraiva. Fechamos a compra no dia 31 de dezembro de 2015, e ele nasceu no dia 23 de dezembro. Ele ficou alguns dias sem nome, porque eu não tinha conseguido sentar com minha esposa para pensar nisso. É duro. Não me arrependo, mas sei que não é normal. Espero conseguir me dividir melhor agora. Eu resolvi sair da Somos para me dedicar à renovação política no Brasil. Não para ser candidato, mas para ajudar aqueles que querem ser. Muitas mudanças estavam acontecendo na política brasileira em 2017 e eu não queria ser só mais um torcedor. Em outubro de 2017, fundei, junto com diversas outras pessoas, o RenovaBR, cujo objetivo é preparar quem quer ingressar na política. O foco é o Legislativo e, ao contrário do que disseram alguns críticos, não privilegiamos nenhum partido, ou visão de mundo. No processo de seleção, excluímos apenas quem tem visões extremistas. Queremos incentivar a renovação do quadro político, então provemos recursos para pessoas que nunca tiveram um cargo eletivo fazerem cursos e se capacitarem da forma que consideram adequada.

7. Frederico Trajano

PRESIDENTE DA VAREJISTA MAGAZINE LUIZA

Membro da terceira geração da família fundadora da rede varejista Magazine Luiza, Frederico Trajano resolveu começar a carreira fora da empresa, no mercado financeiro. Passou a trabalhar na companhia no ano 2000, aos 23 anos. Nessa época, foi responsável por estruturar a área de e-commerce. Ocupou outros cargos, entre eles o de diretor de marketing e vendas, e se tornou presidente em janeiro de 2016. De lá até meados de 2018, o valor de mercado do Magazine Luiza aumentou quase sessenta vezes, para 22 bilhões de reais. A empresa tem 23 mil funcionários e cerca de 30 milhões de clientes. Trajano é formado em administração de empresas na Fundação Getulio Vargas e fez uma especialização na Universidade Stanford, nos Estados Unidos. Tem 42 anos, é casado e pai de três filhos.

A decisão de trabalhar com a família

Minha educação começou quando eu ainda estava na barriga da minha mãe, Luiza Helena Trajano. Poucos minutos antes de ir para a maternidade, ela estava trabalhando na loja. Luiza Helena, na verdade, é a segunda Luiza — a empresa foi fundada por uma tia dela, também chamada Luiza, em 1957, em Franca, no interior de São Paulo. Minha mãe assumiu o negócio em 1991. Sou, portanto, a terceira geração, que foi criada com a cultura de trabalhar em loja nas férias. Quando entrei na Fundação Getulio Vargas, onde me formei em administração de empresas, eu pensava em ser político. Mas, após a graduação, fui trabalhar no mercado financeiro. Comecei minha carreira no Deutsche Bank, em 1998. Não pensava em trabalhar no Magazine Luiza, e acabei escolhendo ser analista de renda variável, cobrindo empresas de varejo e bens de consumo.

O trabalho do analista é emitir relatórios com recomendações de compra e venda de ações. No final dos anos 1990, poucas empresas de varejo tinham capital aberto, e uma delas era a rede de eletroeletrônicos Arapuã. E eu errei na recomendação da Arapuã: a empresa quebrou pouco depois, e eu não fazia ideia de que isso poderia acontecer. O episódio, porém, me ensinou algo precioso que segui à risca dali em diante: devemos prestar mais atenção no modelo de negócio da empresa e menos no senso comum do mercado — e o modelo da Arapuã, que era a queridinha da bolsa na época, não se sustentava de pé. Em 1999, saí do Deutsche e fui para o fundo de *private equity* Westsphere Equity Investors. Era o auge da bolha da internet e eu era responsável por analisar empresas de internet e telecomunicações para ajudar a decidir se valia a pena fazer o investimento. Gostei tanto dessa área que resolvi sair do fundo para montar a área de e-commerce no Magazine Luiza. Comecei esse projeto no ano 2000.

Tomei essa decisão porque estava claro que o e-commerce seria muito relevante para o futuro do Magazine Luiza. Mas eu não queria criar essa área da maneira como outros varejistas estavam fazendo, separando o e-commerce das lojas físicas. Era o que estava acontecendo nos Estados Unidos, e vários bancos e consultorias tentavam vender projetos para o Magazine Luiza montar uma operação on-line apartada, que pudesse abrir o capital depois. Esse foi o modelo adotado pela Americanas.com, que era separada das Lojas Americanas e, posteriormente, se uniu ao site Submarino para criar a B2W, que tem capital aberto.

Só que o Brasil tem suas particularidades: a logística é cara e ineficiente, o custo de capital é elevado e os impostos são altos, diferentemente dos Estados Unidos, por exemplo, onde por muito tempo os varejistas on-line pagaram menos impostos. Considerando tudo isso, achava difícil que uma operação on-line apartada pudesse ser lucrativa. Na minha visão, para que fosse sustentável do ponto de vista financeiro, ela teria de ser integrada às lojas físicas. Assim, conseguiríamos compartilhar as áreas financeira, administrativa e comercial, além do centro de distribuição e da logística. Se já entregávamos uma geladeira na casa do consumidor que comprava nas lojas, não entendia por que não podíamos usar esse mesmo caminhão para fazer entregas do e-commerce no mesmo bairro. Para que duplicar os custos? Varejo é um negócio de margens baixas. É importante ter sinergias. Depois de um tempo, o mercado se convenceu de que nosso modelo dava certo. As empresas com operações apartadas passaram a dar prejuízo. Já a nossa crescia — e era lucrativa.

O Magazine também resolveu fazer diferente ao montar uma área de tecnologia própria para desenvolver as ferramentas de que precisávamos. Na época, não só o varejo, mas a maioria das empresas batia na porta dos grandes fornecedores de tecnologia quando precisava de alguma solução. Mas os fornecedores tradicionais não tinham um sistema de e-commerce do jeito que eu queria para vender. Eu acreditava que cresceríamos muito, então, para mim, estava claro que era preciso criar essa capacidade de desenvolvimento dentro de casa.

Franca, cidade onde ficava a sede do Magazine, não tinha faculdade de engenharia de computação. Era difícil encontrar profissionais especializados lá. Acabamos conseguindo contratar um grupo de programadores que desenvolveram um site bem rudimentar. O site era pesadão, o acesso à internet era discado — demorava alguns minutos para fazer o download da tela inicial. Mas o importante era começar. Hoje, existe um nome bonito para isso, que é Minimum Viable Product, MVP, ou seja, um produto simples, que a empresa lança com o intuito de melhorar depois. A estratégia deu certo. Crescemos.

Uma ação na Black Friday

O ano de 2014 foi o melhor da história da companhia. O Magazine foi um dos patrocinadores da transmissão da Copa do Mundo, o lucro dobrou, o Ebitda (geração de caixa)[1] aumentou 50%. Mas tínhamos cerca de 2 bilhões de reais em dívida, o que era um nível razoável naquele momento — representava três vezes o Ebitda. A dívida havia aumentado depois da abertura de capital, que aconteceu em 2011. Compramos empresas — como a rede de lojas Baú da Felicidade, que pertencia ao Grupo Silvio Santos — e investimos alto na integração delas. Além disso, abrimos lojas, apostando que o país continuaria crescendo. Mas 2015 foi uma catástrofe. A economia aterrissou como um avião sem trem de pouso, com vento contrário e pista molhada. As vendas caíram e os juros subiram, o que aumentou o custo da dívida. Nossa ação chegou a valer um real.

Foi um momento muito difícil e tivemos de fazer ajustes que nunca havíamos feito. Saímos de 24 mil para 19 mil funcionários. Houve demissões nos escritórios e, nas lojas, onde a rotatividade é maior, quem saía não era reposto. Para segurarmos o caixa da companhia, aumentamos o prazo de pagamento dos fornecedores e reduzimos estoques. Também fizemos um trabalho detalhado de controle de despesas. Eu sabia, por exemplo, quanto cada loja gastava com a conta de luz. Para economizarmos, estimulávamos os gerentes a desligar o ar-condicionado duas horas antes de a loja fechar e ligar apenas uma hora depois de abrir. Além disso, renegociamos todos os contratos de aluguel das lojas e também da nossa sede, que, naquela época, já havia sido transferida para a Marginal Tietê, em São Paulo.

Com essas medidas, fomos melhorando os resultados. Assumi a presidência no olho do furacão, em janeiro de 2016. Mas, ao longo do ano, as medidas que tomamos surtiram efeito. Além disso, as perspectivas para a economia começaram a melhorar, ainda que lentamente. Assim, depois de um prejuízo de 66 milhões de reais em

1 Ebitda é a sigla em inglês para lucro antes do pagamento de juros, impostos, depreciação e amortização.

2015, fechamos 2016 no azul, com um lucro de 87 milhões de reais. O Ebitda cresceu 50% e o endividamento foi reduzido. Hoje, brinco que a melhor oferta de Black Friday de 2015 foi a ação do Magazine Luiza. O papel saiu de um real, naquela época, para 115 reais, em junho de 2018.

Minha mãe foi presidente do Magazine até 2009. A companhia teve então outro CEO, o Marcelo Silva, que, antes do Magazine, havia sido presidente da rede de varejo Pernambucanas.[2] Meu processo sucessório foi muito bacana, porque tive tempo de me preparar para assumir a presidência. Ambos me ensinaram demais. Minha mãe é extremamente intuitiva e aprendeu, ao longo dos anos, a valorizar essa intuição. As suas decisões vêm de dentro. O Marcelo tem um estilo socrático, gosta de decidir de forma colegiada e pode até ceder se a opinião da maioria for diferente da dele. Eu resolvi que queria combinar os dois estilos. Acho que há muitos benefícios em envolver a equipe para tomar decisões — o grau de informação é melhor, as pessoas ganham confiança e autonomia —, mas, às vezes, é preciso seguir a intuição e bater o martelo para dar agilidade ao processo. Escuto muito, mas a decisão final é minha e, em alguns casos, pode ser contrária à da maioria.

Aposta no mundo digital

Até a gestão do Marcelo, tínhamos ciclos de planejamento estratégico que duravam cinco anos. Na gestão dele, as prioridades eram ter maior abrangência nacional, abrir o capital (o que aconteceu em 2011), mudar a sede para São Paulo e consolidar os produtos financeiros da companhia. Quando chegou a minha vez como CEO, fiz o planejamento de um jeito diferente. Fui convidado a participar de um programa da consultoria McKinsey destinado a ajudar a preparar potenciais CEOs. Chama-se Bower Forum, em referência ao CEO

2 Em junho de 2018, Luiza Trajano era presidente do conselho de administração do Magazine e Marcelo Silva era vice-presidente.

mais icônico da McKinsey, Marvin Bower. Esse programa reúne periodicamente um grupo pequeno de executivos de empresas de diferentes países. Quando participei, o Bower Forum era voltado para empresas familiares e reuniu, na Inglaterra, quatro herdeiros que estavam se preparando para assumir o comando. O programa dura menos de uma semana e tem como objetivo levar os participantes a escrever qual será seu mandato como CEO.

O mandato é um resumo do que a pessoa pretende fazer quando assumir o cargo. Escrevi o meu numa folha de papel e apresentei aos outros participantes e a sócios da McKinsey, que fizeram comentários e deram sugestões. O título do meu trabalho era: "Transformar uma empresa tradicional de varejo com uma área digital em uma plataforma digital com pontos físicos e calor humano". E foi isso que usei como ponto de partida para definir a estratégia do Magazine Luiza. O processo ajudou a formar uma visão mais clara do que eu queria com a digitalização.

Em seguida, defini os cinco pilares estratégicos que fariam esse mandato virar realidade. Um deles é a inclusão digital. As empresas precisam ter um propósito. Um dos nossos propósitos, desde a fundação, é facilitar o acesso de muitos ao que é privilégio de poucos. Minha tia vendeu a primeira televisão para muitos lares no Brasil. Minha mãe vendeu as primeiras lavadoras automáticas. Hoje, boa parte do que vendemos são produtos conectados, como celulares, tablets e smart TVs. Mas muitas pessoas que compram esses aparelhos só usam uma fração do que eles têm a oferecer. Para o consumidor tirar o benefício completo desses produtos conectados, precisa de ajuda para entender como funcionam.

Resolvemos atuar nisso. Criamos um canal no YouTube que ensina o consumidor a usar aparelhos tecnológicos. Em 2018, tínhamos 1 milhão de assinantes — era o maior canal de um varejista no YouTube. Além disso, temos um reality show na Rede Globo, o Missão Digital, que seleciona famílias simples, que quase não usam tecnologia, e as transforma em famílias digitais. Também temos wi-fi gratuito em todas as lojas, o que ajuda quem quer se conectar. Uma das nossas missões é fazer com que mais brasileiros, a despeito de idade e faixa de renda, usem a tecnologia para melhorar suas vidas. A tecnologia realmente pode fazer isso ao prover conhecimento e proporcionar economia de tempo que pode ser usado para coisas mais importantes.

O segundo pilar da estratégia é a digitalização das lojas físicas. Hoje, todos os nossos vendedores operam por meio de um aplicativo e, em trezentas das nossas 860 lojas, os clientes não precisam ir até o caixa para pagar: o pagamento pode ser feito diretamente com o vendedor.[3] Com isso, a venda leva dois minutos para ser concluída, em vez dos 45 minutos do passado. Também temos um aplicativo para ajudar os estoquistas a controlar a quantidade de produtos disponíveis e estamos implementando um processo digital de aprovação de crédito — o objetivo é que o vendedor possa oferecer uma opção de financiamento ao cliente no momento da venda.

A digitalização das lojas é importante para tornar realidade nosso terceiro pilar, que é a multicanalidade, a interação entre as lojas e o e-commerce. A loja do futuro, na minha opinião, é um *shoppable distribution center*, ou seja, um ponto de venda que também pode ser usado para distribuir produtos vendidos pela internet. Quando comecei a montar o e-commerce do Magazine, no ano 2000, imaginei que o site seria mais um canal de venda. Mas a oportunidade é muito maior. A visão, hoje, é que a companhia é uma plataforma digital com pontos físicos, não uma empresa de varejo tradicional com venda pela internet. Não existe mais diferença entre on e off-line no Magazine. O vendedor da loja pode concluir a compra por meio de um aplicativo, que é parecido com o que o cliente usa no on-line. A loja também dá o suporte: o cliente que compra pelo site pode retirar ali, ou experimentar produtos e tirar dúvidas.

O quarto pilar da estratégia é sermos uma plataforma digital. O modelo tradicional do varejo é comprar produtos, estocá-los e vendê-los. Mas cada vez mais empresas estão abrindo seus sites para outras companhias venderem seus produtos por meio deles. Esse é

3 A meta era estender isso para todas as lojas até o fim de 2018.

o modelo que mais cresce no mundo. Amazon, Alibaba e Mercado Livre, só para citar alguns exemplos, trabalham assim. O Magazine decidiu fazer isso em 2017 e passou a vender cerca de 1 milhão de produtos pelo site, de 1500 empresas diferentes. O desafio é como homologar esses novos vendedores, para que os clientes tenham, com eles, a mesma experiência que têm ao comprar nossos produtos. Para isso, é preciso ter governança e regular esse mercado.

Ainda estamos desenvolvendo essa habilidade, mas já fizemos avanços importantes. Um deles foi criar um processo automatizado para checar informações básicas das empresas que querem vender por meio do nosso site. Checamos, por exemplo, se há algum processo judicial contra a empresa e os sócios e se há pendências na Receita Federal. Apenas fazendo isso, vetamos 30% dos candidatos. Uma vez que a empresa entra no nosso sistema, temos uma equipe que acompanha seu desempenho: monitora se está entregando no prazo combinado e como se comporta quando os volumes de pedidos aumentam. Se a empresa fica abaixo do padrão estabelecido por nós, tiramos do sistema até que os problemas sejam resolvidos. Se não houver solução, o vendedor é retirado de vez da plataforma.

Outro desafio é expor adequadamente 1 milhão de produtos no site. Estamos resolvendo isso com tecnologia. Hoje, o vendedor que aparece em primeiro lugar tem o produto mais barato, o frete mais barato ou o menor prazo de entrega. Estamos sofisticando o algoritmo de busca para que os resultados sejam personalizados: se eu fizer uma busca no meu aplicativo, a ordem de resultados deve ter a ver com as minhas preferências, que são diferentes das de outros clientes. Cobramos uma comissão média de 10% das empresas que vendem pelo nosso site, mas queremos criar um outro modelo, pelo qual esse terceiro poderá entregar seu produto no depósito do Magazine e nós faremos a logística da entrega. Se isso der certo, a taxa pode passar de 15%.

O quinto e último pilar é a cultura digital. Graças à minha mãe, o Magazine tem, há anos, uma cultura empreendedora. Na década de 1990, ela teve a visão de adotar uma cultura parecida com a que vi no Vale do Silício, de aceitar correr riscos, querer inovar. Costumamos dizer: "O que não muda é que a gente sempre muda". Essa cultura é baseada em dar autonomia para a base. Os gerentes de lojas podem, por exemplo, determinar os preços de produtos, dentro de alguns parâmetros, claro, e renegociar o valor do aluguel dos pontos. Também podem fazer campanhas locais de acordo com as características de sua região, nas rádios e no Facebook. Nossa cultura se aplica perfeitamente ao mundo digital. O que estou fazendo é dar a ela uma roupagem mais contemporânea, em função da necessidade de fazer uma transformação digital na companhia. As empresas que mais admiro no mundo, como o Google e o Facebook, incentivam a tomada de riscos e a criação de estruturas pouco hierarquizadas. Como eles, trabalhamos com equipes autônomas, que conseguem decidir e implementar as decisões rapidamente. Não precisamos ter projetos superdetalhados e aprofundados, porque o mundo muda depressa e, se demorarmos demais, corremos o risco de ficar pelo caminho. Começamos com um MVP e vamos melhorando.

Vejo que os executivos brasileiros têm muito medo de errar. O planejamento estratégico, no modelo tradicional, torna os erros muito caros porque demanda grandes investimentos em projetos. Nós fazemos diferente. Incentivamos pequenos projetos e protótipos e, nessa fase, os erros fazem parte do processo. Só assim conseguimos inovar. Se queremos fazer algo que ninguém fez antes, vamos errar. Depois que testamos e aprendemos, transformamos esses protótipos em um projeto grande, com mais investimentos. E aí, nessa fase, o nível de acerto precisa ser mais alto.

Cometi centenas de erros ao longo da minha carreira. Um erro que me ensinou muito aconteceu assim que comecei a trabalhar no Magazine. Tinha uma visão muito radical de que as lojas tinham de ser integradas ao e-commerce, e demorei para entender que o site precisava de uma equipe comercial própria, porque o modelo é muito diferente. Quando finalmente concordei com isso, os resultados melhoraram. Hoje, tento evitar ficar preso a modelos conceituais e procuro tomar decisões levando em conta as particularidades de cada área.

Metas transparentes

A transparência é outra vertente importante da cultura digital. Hoje, no Magazine Luiza, todos os funcionários trabalham na nuvem. Ninguém mais usa arquivo no computador: todos os arquivos são compartilhados e é possível acompanhar o que as outras pessoas estão fazendo. O sistema de metas de cada funcionário também funciona assim. Todo mundo consegue ver as metas dos demais. Além disso, todos têm acesso aos principais números da empresa e aos resultados das lojas. É um modelo bastante aberto e transparente, como vi em diversas startups no Vale do Silício.

Os funcionários têm metas ligadas ao orçamento — as principais são total de vendas, rentabilidade e geração de caixa — e outras ligadas à satisfação dos clientes e ao clima interno. Para medirmos a satisfação dos clientes, usamos o Net Promoter Score, um indicador que mostra a probabilidade de um cliente indicar a loja para um amigo e sua fidelidade à marca. Para o clima interno, um bom termômetro é o ranking das melhores empresas para se trabalhar, feito pelo instituto Great Place to Work. Em 2017, ficamos entre as cinco melhores empresas do país no ranking geral e em primeiro lugar entre as varejistas.

Existem ainda as metas ligadas à implementação da estratégia. Por exemplo: se queremos incentivar a inclusão digital, precisamos aumentar o número de assinantes do nosso canal do YouTube. Assim, os funcionários de áreas relacionadas passam a ter esse objetivo. Além disso, as áreas de negócios e de tecnologia precisam ter metas compartilhadas, porque, para uma empresa ser digital, essas áreas precisam andar juntas. No passado, como as metas eram muito isoladas, criavam-se feudos dentro das empresas e as áreas pouco se comunicavam. Aos poucos, estamos dinamitando essas barreiras e cruzando as metas. Temos de competir com o concorrente, não internamente.

Por fim, fazemos uma avaliação comportamental, que tem um peso na hora de definir a remuneração variável dos funcionários. Um dos comportamentos que incentivamos é pensar na empresa como um todo, e não na sua própria área. Ou seja, cooperar com outros departamentos para melhorar o resultado geral é algo importante. Outro comportamento valorizado é gastar sola de sapato. Queremos que gerentes e diretores da sede visitem as lojas, passem o dia nelas, ajudem a empacotar os produtos. Quando deixamos claro que queremos esse tipo de comportamento, e que ele terá influência no bônus, as pessoas se viram para adotá-lo. De forma mais abrangente, esta é a vantagem de ter metas: quando os funcionários sabem o que a empresa espera deles, podem agir de acordo para executar. No ranking do Great Place to Work, o fato de o Magazine ter metas claras foi uma das características mais elogiadas pelos funcionários, o que melhorou nossa nota.

A remuneração variável da alta liderança é formada pelo pagamento de bônus e pela distribuição de ações. Os diretores podem usar parte do bônus para comprar ações — e eles ganham uma ação da companhia para cada ação que compram. Os líderes de diferentes áreas que se destacam também são elegíveis para ganhar ações. De 2016 a 2018, muita gente ganhou bastante dinheiro com as ações do Magazine Luiza.

Mais investimentos em tecnologia

Para os próximos anos, o foco do nosso investimento vai ser diferente do que foi no passado. Depois da abertura de capital, compramos empresas para passar a atuar em mais regiões do país. Isso fez sentido naquele momento porque éramos pequenos e tínhamos de crescer para conseguir concorrer com as grandes redes nacionais de varejo. Mesmo o e-commerce, no nosso modelo, precisava de mais lojas para ter o benefício da multicanalidade. A estratégia era fazer altos investimentos, mesmo que o retorno fosse baixo. Hoje isso não faz mais sentido. Nossa estratégia está muito voltada para a transformação digital. O e-commerce, que atualmente representa 30% das nossas vendas, pode representar mais da metade em alguns anos. Não é uma meta, mas uma tendência. Como o crescimento vem muito do e-commerce e de categorias novas, o investimento do Magazine está mais voltado para a equipe de tecnologia. Em 2018, cerca de 70% dos recursos eram direcionados para as áreas de tecnologia e distribuição, para a automação da logística e, especialmente, para criar novos aplicativos e softwares a fim de tornar o processo de compra mais fluido e agradável.

A logística do Magazine Luiza é baseada em pequenas transportadoras. Temos cerca de 1500 prestadores de serviço, que atendem as lojas e fazem as entregas nas casas dos clientes. Esse sistema funciona bem. Mas temos um ponto para melhorar: muitas dessas transportadoras não são automatizadas — em geral, o dono da empresa é o próprio motorista —, o que faz com que não tenham um sistema de acompanhamento da entrega. Estamos resolvendo isso com um aplicativo, o Mobile Entregas, que permite que o motorista dê baixa assim que faz a entrega, no próprio celular.

Uma parte importante do desempenho do Magazine Luiza depende da LuizaCred, nosso braço financeiro, que oferece uma série de produtos na área financeira, como cartões de crédito, empréstimos pessoais e seguros. A LuizaCred tem 7 bilhões de reais em ativos e seu resultado responde por 15% do Ebitda da companhia. O papel de um produto financeiro, como um financiamento ou um seguro, é levar mais clientes para as lojas. Quando oferecemos uma opção de parcelamento, um cartão de crédito ou uma garantia estendida, prestamos um serviço extra ao consumidor. Sem isso, vamos competir apenas por preço. Optamos por ter uma parceria com o Itaú na LuizaCred. Dividimos os lucros, mas contamos com um sócio altamente especializado. Não dá para ser bom em tudo.

A família sempre põe a empresa em primeiro lugar, acima dos interesses individuais. No conselho de administração, a única pessoa da família é a presidente, minha mãe. Temos dois diretores que representam os demais acionistas da família. E os demais conselheiros são independentes — nomeados em consenso, mas independentes. No corpo executivo do Magazine Luiza, estão apenas dois membros da família, eu e meu primo, Fabricio Garcia, que é vice-presidente comercial e de operações. Nossa cultura é meritocrática:

cresce quem entrega resultado e ajuda a empresa a se transformar. Considero a participação da família na companhia uma questão muito bem resolvida, e acho que o segredo de sucesso é que de fato, e não apenas na retórica, as pessoas estão mais preocupadas com a empresa do que com a situação pessoal. Acho que consigo conciliar bem uma vida empresarial intensa com a vida familiar. Tenho ótimo exemplo em casa. Minha mãe sempre trabalhou muito, e me vejo como um adulto equilibrado, com boa formação.

8. Márcio Santoro

COPRESIDENTE DA AGÊNCIA ÁFRICA

Formado na Escola Superior de Propaganda e Marketing (ESPM), depois de abandonar a faculdade de direito no primeiro ano, Santoro sempre trabalhou no mercado publicitário. Começou a carreira como estagiário na agência DPZ e, aos 26 anos, foi trabalhar na concorrente DM9. Seis anos depois, em 2002, foi convidado pelo publicitário Nizan Guanaes para fundar, junto com outros sócios, a Agência África. Santoro sucedeu a Nizan no comando da agência em 2010 — desde então, divide a presidência com o sócio Sergio Gordilho. É vencedor de dois prêmios Caboré, uma das mais importantes premiações do mercado brasileiro de propaganda, tem 47 anos, é casado e pai de dois filhos.

De Bali para a África

É muito difícil escolher uma profissão com dezessete anos. Acho que a maioria dos garotos não tem a menor ideia do que quer ser. Eu não tinha. Meu pai disse que eu deveria estudar direito, então resolvi fazer isso. Desisti na primeira aula de direito romano. Depois disso, comecei a pensar melhor no que gostaria de estudar. Eu achava que gostava de propaganda. Aproveitei que tinha um vestibular da ESPM no meio do ano e decidi fazer a prova para o curso de publicidade e propaganda. Passei. Também prestei vestibular para a Fundação Getulio Vargas, mas acabei tirando zero numa redação e não passei. Assim, sobrou a ESPM. Lá, encontrei uma amiga, que me convidou para visitar uma agência de propaganda junto com ela. Fomos à DPZ e conheci o publicitário Roberto Duailibi.[1] Ele ofereceu um estágio de duas semanas para a gente. Quando acabou, minha amiga falou que aquele mundo não tinha nada a ver com ela e que não iria continuar. Eu tinha adorado e queria ficar, mas uma pessoa do departamento de recursos humanos disse que não tinha vaga. Eu falei: "Não tem a menor chance de você me tirar daqui". A DPZ era supercharmosa na época, todos os grandes caras da propaganda trabalhavam lá, como Washington Olivetto, Nizan Guanaes, Marcello Serpa e Afonso Serra. Insisti tanto que me deixaram ficar. Não tinha muito que fazer, então meu trabalho era entregar fitas com o conteúdo que a agência produzia para as emissoras de TV. Como, naquela época, final dos anos 1980, não dava para mandar os arquivos digitalmente, eu ia para o Rio de Janeiro entregar as fitas na Globo e na Manchete.[2] Fazia isso durante o dia e estudava à noite na ESPM.

Em geral, quem começa a trabalhar numa agência de propaganda quer ser diretor de arte, para trabalhar com a criação. Mas eu via que esses caras ficavam sentados praticamente o dia todo, e eu não me enxergava nessa rotina. Gosto de ver gente, de me mexer. Decidi que preferia vender o trabalho deles, então fui para a área de atendimento. Saí da DPZ e fui trabalhar na agência Lintas, para cuidar da conta da Unilever. Quando tinha 26 anos, já formado, fui convidado para trabalhar na DM9, agência fundada por Duda Mendonça mas que, em 1989, foi comprada pelo Nizan e por outro publicitário, o Guga Valente. Era a agência do momento. Para mim, parecia a fábri-

1 Roberto Duailibi é um dos grandes publicitários brasileiros. Em 1968, fundou a agência DPZ com outros sócios. Foi o primeiro publicitário a assumir uma cadeira na Academia Paulista de Letras.

2 A Manchete foi uma rede de televisão brasileira que ficou no ar até 1999.

ca de chocolates do Willy Wonka,[3] por ser uma agência grande, inovadora. A DM9 ficava em frente à DPZ, era só atravessar a rua. Fui entrevistado pelo Afonso Serra e pelo Nizan. O Nizan me fez uma pergunta toda complicada sobre marketing, e por acaso eu sabia responder porque tinha bastante contato com os departamentos de marketing dos clientes na Lintas. Ele gostou. Gostou tanto que trabalhamos bem juntos até que ele saiu para montar o portal iG junto com o Guga Valente.

O iG acabou não sendo o que o Nizan e o Guga esperavam, então eles resolveram mudar. Em 2002, o Nizan me chamou para ser sócio em uma nova agência. Era para se chamar Bossa Nova, mas tinha outro grupo usando esse nome. Os donos quiseram vender o nome para a gente, mas não tínhamos dinheiro para comprar, então mudamos o nome para África. O Nizan queria montar um negócio que fosse diferente de tudo o que a gente achava que não funcionava na propaganda. Então ele pediu a mim e aos outros sócios que fizéssemos uma lista das coisas que nos deixavam frustrados na profissão, e outra com as ideias de como seria uma agência ideal. Fizemos a tal lista em volta da lareira da casa dele. Foi quando colocamos no papel o que a agência seria. Essa lista deu origem aos valores da África, que seguimos até hoje. No escritório da agência, temos um canto com uma imagem de lareira — porque não podíamos fazer uma lareira num prédio —, que simboliza esse momento.

A agência tem seis sócios. O Sergio Gordilho é copresidente junto comigo e responsável pela parte da criação. A Olívia Machado é a diretora financeira. O Luiz Fernando Vieira cuida de mídia e eu sou responsável pelo relacionamento com os clientes. Outro sócio é o Guga Valente, que é presidente do grupo ABC, a holding que controla a África e outras agências. O ABC surgiu junto com a África, e o processo foi o seguinte. Naquela época, os americanos da agência DDB, de Nova York, eram donos da DM9. Ao perceberem que o Nizan estava montando outra agência, ofereceram a ele e ao Guga

3 Referência ao filme *A fantástica fábrica de chocolate*, cujo personagem central é Willy Wonka, o dono da fábrica.

Valente uma participação na DM9. Com isso, foi criado o grupo ABC, que na época tinha a África e a DM9. Hoje, tem várias outras empresas.[4]

Quando começamos a África, tínhamos pouquíssimo dinheiro. A gestora Icatu, que havia investido também na DM9, colocou recursos na África, e usamos uma parte desse capital para montar o escritório, que era superpequeno. Acabamos alugando um escritório já decorado. Já havíamos definido o nome da agência, mas o inquilino anterior era uma importadora de móveis balineses. Então quem entrava na agência achava que ia encontrar o tema África e só tinha coisa de Bali. Até que uma hora o Gordilho se encheu daquilo e colocou papel Kraft em tudo. Todos os sócios vinham de grandes empresas, com estrutura — sempre tinha alguém para fazer o que a gente precisava. Na África, nós fazíamos tudo. No departamento de atendimento, éramos eu e uma estagiária. Se eu tomava um café e deixava a xícara na mesa, no outro dia, ela ainda estava lá.

Uma segunda chance na NBA

Montada a estrutura, fomos atrás dos clientes. E o começo foi difícil. Ficamos dois meses indo ao Itaú e dizendo que queríamos ser a agência do banco. Enchemos tanto que acabamos ganhando uma campanha de marketing interno. Fiquei animado, achei que era algo grande. Quando fui ver, era para desenhar o *pin* de lapela para os gerentes das agências que eram reconhecidos por resolver melhor os problemas dos clientes. Era o que tinha, e nos dedicamos. Lembro que levei uns vinte layouts na primeira reunião com o banco, mas todos foram reprovados. Cheguei a pensar que tinha feito besteira ao trocar a DM9 pela África, mas as coisas foram evoluindo e hoje estou realizado.

---

4 Em 2018, o grupo era dono da África, da DM9 e de mais oito agências, entre elas a CDN e a Interbrand.

Atualmente, estamos entre as cinco maiores agências do Brasil, com cerca de trezentos funcionários, e temos espírito global. Em 2014, a África foi eleita a melhor agência do mundo pela revista *Advertising Age*, que faz um ranking que é como um Oscar da propaganda, bem americano. Tem o prêmio para a melhor agência americana e outro para a melhor agência do resto do mundo. Ganhamos esse segundo. Em 2015, tínhamos um sócio minoritário, o grupo Omnicom, segunda maior holding de propaganda do mundo. No fim de 2015, a Omnicom resolveu fazer uma proposta de se tornar o único sócio de todo o negócio, então vendemos todas as nossas ações, mas continuamos na empresa.

Temos longas relações com os nossos clientes. Trabalho com o banco Itaú há vinte anos; o Nizan, há trinta — ou seja, antes de montarmos a África. Estamos com a Ambev desde a criação da empresa. Nosso trabalho é criar publicidade que vende. Propaganda boa é a que as pessoas comentam e a que ajuda a vender. Comunicação é a arte de simplificar. Os clientes chegam ao escritório com longas descrições dos produtos que têm e do que querem fazer, e o nosso papel, no fundo, é resumir aquilo tudo num título, num filme de trinta segundos. Nossa função é construir marcas, servir nossos clientes e fazer os negócios deles crescerem. Uma campanha que considero memorável foi uma que fizemos para a Budweiser, uma das marcas da Ambev, em 2017. Foi baseada no conceito de que as pessoas devem fazer as coisas do seu jeito. Um dia, o Sergio Gordilho, que é viciado em basquete, falou: esse conceito da Budweiser parece a história do Oscar Schmidt. O Oscar tomou a decisão de não jogar na NBA, apesar de ter sido convidado, quando ele descobriu que, se aceitasse, não poderia defender a seleção brasileira. Ele passaria a ser um jogador profissional e não seria liberado para o Pan-Americano, as Olimpíadas etc. Ou seja, o Oscar fez do jeito dele: abriu mão da NBA, coisa que pouquíssimos jogadores fariam, para poder jogar na seleção. Apesar disso, foi indicado para fazer parte do Hall da Fama do basquete, nos Estados Unidos, algo que muitos jogadores da NBA não conseguem. Aí pensamos: e se conseguíssemos dar mais uma chance ao Oscar e o puséssemos para jogar na NBA? Claro que seria incrível, só faltava combinar com os russos.[5] Aí fomos atrás dos russos. Falamos com o presidente da NBA da América Latina, executivos da rede de TV ESPN e o pessoal da Budweiser e apresentamos o projeto: queremos pôr o Oscar para jogar na NBA. Eles toparam, fizemos um filme sobre isso e virou uma campanha publicitária. Foi sensacional.

Esse tipo de campanha gera impacto. No passado, nosso trabalho praticamente se resumia a um bom filme e algumas peças para a mídia impressa. Hoje, o trabalho é completamente diferente. Graças à tecnologia, existem infinitas possibilidades de contatos com o consumidor e de formatos de propaganda. Para fazer uma campanha, são necessários mais profissionais e especialistas, pessoas — em geral muito jovens — que são "nativas" do mundo digital. Não dá para tomar decisões sozinho ou num pequeno grupo. É preciso escutar muita gente, entender das tecnologias. É evidente que, no final, os seniores tomam a decisão, senão a empresa não anda, mas é uma decisão com mais participação das equipes. Gosto de fazer uma analogia com as lutas de boxe e o MMA. No passado, a propaganda era como o boxe. Um grande lutador precisava saber boxe, e só. Hoje, precisa saber diferentes estilos de luta — jiu-jítsu, caratê, *wrestling* e boxe também — para se dar bem nos campeonatos de MMA. O publicitário virou o lutador de MMA: se ele entender só de uma coisa, está frito. Fico empolgado vivendo esse processo de transição na propaganda, mas é claro que é aflitivo.

Não existe uma fórmula de como integrar as publicidades off-line e on-line. Mas acho importante ressaltar que o papel das agências de publicidade, na essência, não mudou: fazemos conteúdo e distribuímos esse conteúdo. A novidade é que as formas de distribuir aumentaram, então precisamos incorporar isso. Às vezes, faze-

5 Uma história bastante contada sobre a Copa do Mundo de 1958 diz que o então técnico da seleção brasileira, Vicente Feola, chamou os jogadores para explicar sua estratégia para ganhar do time soviético. Ele descreveu todos os passes que deveriam ser dados desde o meio do campo até o gol. No final da explicação, Garrincha, um dos melhores jogadores brasileiros, teria dito: "Legal, seu Feola, mas o senhor já combinou com os russos?".

mos um filme de dois minutos para a internet, que acaba ficando caro demais para a TV. Então fazemos uma versão de um minuto ou trinta segundos para a televisão. Fazer propaganda é propagar as mensagens dos nossos clientes como algo de entretenimento. O que as pessoas sentem por uma marca está ligado a todas as experiências que têm com ela.

Para uma campanha completa hoje, entregamos de oitenta a cem peças, em diferentes mídias. No passado, quando lançávamos uma campanha, o trabalho estava feito. Hoje, uma campanha é um bicho vivo. É preciso monitorar as reações, as respostas dos consumidores, ver que peça está indo melhor. Um lado positivo de fazer campanha nas mídias sociais é poder medir o resultado instantaneamente. Você lança o vídeo e recebe comentários. Também é possível direcionar propaganda para certos grupos. Fizemos isso na Copa do Mundo de 2014 com o Itaú. Meses antes dos jogos, uma parcela da população se voltou contra a Copa. A economia estava em crise, surgiam notícias de obras superfaturadas e corrupção, então algumas pessoas passaram a criticar os jogos. Por tabela, não queriam saber dos patrocinadores da Copa e podiam até desenvolver alguma resistência às marcas. Por isso, decidimos não nos comunicar com eles: se a pessoa não gosta da Copa, com certeza não quer ficar recebendo propagandas dos jogos. Fizemos uma pesquisa, entre os usuários do Facebook, para identificar quem tinha algum tipo de simpatia pela Copa e passamos a mandar as campanhas apenas para essas pessoas. A tecnologia dá esse tipo de liberdade.

Além de o formato das campanhas ter mudado, a remuneração das agências também se transformou. No passado, calculávamos nossa remuneração basicamente colocando uma taxa em cima do valor que o cliente previa gastar com propaganda. Agora, o cliente quer saber que estrutura usamos para atendê-lo: quantas pessoas e quantas horas por pessoa. Em cima disso, calculamos o pagamento. Para conseguirmos medir, tivemos de digitalizar a empresa inteira. Sei exatamente que recurso estou usando para atender um cliente e quantas horas estou gastando. Consigo medir quanto tempo um funcionário que está com a Brahma gastou para fazer tal trabalho para a marca. A entrega também é digitalizada. No meu iPhone, consigo ver o que as trezentas pessoas da agência produziram ontem, hoje de manhã, a semana passada. Tenho o gráfico do mês. Além de prestarmos informações detalhadas para os clientes, precisamos melhorar a rentabilidade dos nossos negócios. A margem de lucro de uma agência de publicidade está muito menor do que era, então a operação tem de ser mais eficiente.

Investimento em gestão e processos

Outro aspecto que mudou muito foi a gestão da África. Quando uma empresa cresce, não dá mais para ser administrada apenas de maneira intuitiva. Intuição é vital, não pode ser ignorada, mas só ela não basta. É preciso ter processos e governança. Quando decidimos organizar a empresa nesse sentido, pedimos ajuda para o pessoal da Ambev, que é uma companhia reconhecida pela ótima gestão. Como somos muito próximos dos diretores da empresa, pedimos sugestões e eles nos indicaram o consultor Vicente Falconi. Nos anos seguintes à chegada dele, fizemos algumas mudanças fundamentais na agência. Criamos um conselho de administração, com um presidente independente, porque entendemos que precisávamos de alguém de fora. Somos grandes publicitários, mas precisávamos de ajuda na gestão. O Pedro Parente[6] foi nosso primeiro presidente. Os fundos Icatu e Kinea, que eram sócios do grupo ABC, também faziam parte do conselho e ajudavam a analisar os números. Acho que, para dar certo, um conselho precisa ter membros que pensem diferente e não façam parte do setor da empresa.

Estimulado pelo pessoal da Ambev, eu cursei o OPM, que é um programa de educação executiva da Harvard Business School voltado para presidentes e fundadores de empresas. Recomendo. O curso

---

6 Pedro Parente foi ministro do Planejamento e de Minas e Energia. Também foi presidente da multinacional Bunge no Brasil e da Petrobras. Em 2018, era presidente da companhia de alimentos BRF.

me ajudou no processo de preparação para suceder ao Nizan no comando da África e também a ter ideias de como melhorar a gestão da agência. Quando voltei do OPM, achei que precisávamos fazer mais mudanças na agência. Uma delas foi a alteração da política de retenção de funcionários. Criamos um plano de metas e bônus para os diretores. Para os demais funcionários, oferecemos diferentes tipos de treinamento. Escolhemos os profissionais que mais se destacavam e mandamos para os principais festivais de propaganda do mundo e também para fazer cursos no exterior.

Um grande desafio é como reter e motivar a galera de vinte e poucos anos. Esse pessoal tem uma visão bastante pragmática do mundo. É uma turma difícil, mas acho que é normal que os mais velhos se sintam assim em relação a quem é mais jovem. Deve ter sido assim quando eu comecei. Hoje, a diferença são as tecnologias. Os mais jovens têm uma força maior perante os mais velhos porque entendem melhor os novos softwares, ferramentas on-line, chats. Têm o conhecimento daquilo que está borbulhando, das novidades. Dependemos deles para nos renovar. Ao mesmo tempo, eles querem subir rápido na empresa e nem sempre dá para atender às demandas. Eu venho de uma geração que achava legal trabalhar quinze horas por dia e no final de semana, e ir subindo aos poucos. Hoje, isso não existe mais. Lidar com a nova geração é um exercício diário. Acho que é como lidar com filho: é preciso esquecer um monte de coisas em que você acredita para tentar entrar no mundo desse cara e aprender algo. A idade média da agência é de 26 anos.

Propaganda é um negócio de capital humano intensivo e também de muita animação. Não dá para fazer uma grande campanha com um cara que está desmotivado. Então procuramos sempre celebrar nossas vitórias. A cada dois meses, fazemos uma sessão chamada África Hits, em que mostramos para nós mesmos os trabalhos que estamos fazendo e ficamos apreciando, aplaudindo.

Eu tento dividir meu tempo assim: 50% na agência e 50% visitando os clientes. Quando estou na agência, passo 20% falando de processos com o gestor dessa área. Na parte da gestão da empresa, temos alguns rituais. Todas as segundas-feiras de manhã, eu e o Sergio

Gordilho temos uma reunião com os dois vice-presidentes, de mídia e planejamento, e os doze diretores da agência. O objetivo é pautar o que faremos ao longo da semana. Na sequência, há o almoço semanal dos sócios, em que discutimos ideias — falamos genericamente dos clientes, de estratégias, de quais contas podemos ganhar, possíveis negócios novos. À tarde, realizamos as reuniões específicas das marcas que são clientes, junto com as equipes responsáveis. No restante da semana, executamos a agenda. Uma vez por ano, fazemos uma reunião de planejamento, que envolve os sócios da agência e cujo objetivo é decidir o que vamos fazer ao longo daquele ano. Também executamos o planejamento anual das marcas em conjunto com os clientes. A Omnicom não participa dessas reuniões. Temos um sistema de relatórios mensais e uma reunião trimestral em que os diretores de criação se encontram. Temos ainda uma reunião anual com a Omnicom, em que apresentamos as contas do ano anterior e fechamos o orçamento do ano seguinte. A política da Omnicom é interessante. Eles compram a capacidade gerencial e de fazer negócios de uma empresa, então dão bastante liberdade de ação. Olham com lupa o binômio receita e despesa, mas nos deixam criar a estratégia e tomar as decisões.

Como administrar crises

As empresas são feitas por pessoas — e as pessoas erram. Um papel fundamental de uma agência de publicidade é ajudar os clientes a administrar as crises quando elas surgem. Quando estávamos com a conta da companhia aérea American Airlines, aconteceu o ataque às Torres Gêmeas em Nova York, em 2011 (um avião da empresa foi sequestrado e bateu contra um dos prédios). Eu estava com o presidente da América Latina da American Airlines e vimos, ao vivo, o segundo avião bater num dos prédios do World Trade Center. Foi uma tragédia, como todos sabem, e uma crise de proporções absurdas para a empresa. Quando um acidente aéreo acontece, a primeira coisa a fazer é tirar do ar toda a comunicação daquela marca, para se concentrar apenas no que está ligado ao acidente. Não dá para fazer promoções de viagens no meio de tanto sofrimento.

Quando cuidávamos da fabricante de produtos lácteos Parmalat, em 2007, descobriu-se que um lote de leite tinha soda cáustica. Montamos uma equipe de guerra das mais diferentes áreas para falar com todos os jornalistas e esclarecer dúvidas. No passado, esse tipo de comunicação era relativamente mais fácil, porque tínhamos de administrar apenas a mídia impressa, as TVs e as rádios. Hoje, é preciso administrar as redes sociais, onde existe o efeito manada e qualquer notícia, mesmo que não seja verdadeira, ou totalmente verdadeira, pode se multiplicar. As pessoas escrevem coisas o dia todo e temos de lidar com isso. Atualmente, o pior tipo de juiz é o que está nas redes sociais.

A essência de uma empresa não pode mudar, senão ela fica descaracterizada. Quando recebemos um cliente com uma marca em crise, nossa abordagem começa olhando a história da marca, porque certamente o futuro dela está no passado. Um exemplo clássico é o da fabricante de jeans Levi's, que estava num momento complicado na década de 1990, perdendo espaço para outras marcas. A empresa foi olhar lá atrás e relançou a calça jeans 501, que é a mais tradicional da Levi's. Assim, voltou ao jogo. Algumas vezes, as pessoas precisam usar sua reputação para resolver uma situação difícil. Com as empresas é a mesma coisa. A comunicação ajuda a consolidar essa reputação.

Tenho alguns hobbies, como surfar, andar de bicicleta e tocar bateria, mas minha vida é a publicidade. Não sei fazer outra coisa, e não gostaria de fazer. Invisto um pouco no mercado financeiro e no mercado de imóveis, mas tenho pessoas me ajudando nisso. Sou casado pela segunda vez, tenho uma bebê, a Francesca, um filho de sete anos do primeiro casamento, o Ravi, e uma enteada também do meu primeiro casamento que considero minha filha e com quem mantenho um relacionamento até hoje, que é a Luna, de catorze anos. Para conseguir conciliar família e trabalho, me tornei super-regrado. Nem sempre fui assim, mas hoje considero isso muito importante. Quando não estou na agência, estou com a família.

Toda quarta-feira, temos um jantar em família. Vão os meus filhos, minha irmã, meus pais e a Luna. Há uns anos, eu só conseguia chegar em casa depois das nove da noite. Hoje não faço mais isso. Chego antes de as crianças dormirem, consigo ficar com elas. E estamos sempre juntos nas férias e nos finais de semana. O equilíbrio está muito bom.

9. Paula Bellizia

PRESIDENTE DA EMPRESA DE TECNOLOGIA MICROSOFT NO BRASIL

Entusiasta das transformações provocadas pela tecnologia, Paula Bellizia formou-se em computação e ciência da informação. Começou a carreira como programadora na fabricante de eletrodomésticos Whirlpool, em 1992, e também trabalhou na área de marketing da empresa. Depois de oito anos, foi para a Telefônica e, em seguida, para a Microsoft no Brasil, onde ficou por uma década e passou por diferentes cargos. Resolveu sair da empresa, foi diretora do Facebook e comandou a Apple no Brasil por cerca de dois anos. Em 2015, recebeu um convite para voltar para a Microsoft, dessa vez como presidente. Tem 46 anos, é casada e mãe de dois filhos.

Duas fases na Microsoft

Sempre me interessei por áreas criativas ligadas à tecnologia. Acabei decidindo estudar computação e ciência da informação na Faculdade de Tecnologia (Fatec) de Santos, em São Paulo, porque achei que haveria muitas oportunidades de trabalho nessa área. Fiz estágio na área de informática da siderúrgica Cosipa, em Cubatão, por um ano. Meu primeiro emprego depois de formada foi na multinacional Whirlpool, fabricante de eletrodomésticos que é dona das marcas Brastemp e Consul, entre outras. Entrei na Whirlpool em 1992 como programadora de microinformática. Desenvolvi um sistema que atualizava preços automaticamente, um trabalho que era muito importante naquela época de inflação fora de controle, em que os preços mudavam o tempo todo. Eu fazia muitas perguntas, queria entender o porquê de tudo, e isso acabou chamando a atenção do meu chefe, que me levou para a área de marketing. Essa passagem inicial foi importante para eu aprender uma coisa: a tecnologia torna-se fundamental quando resolve os problemas reais das pessoas.

Fiquei oito anos na Whirlpool. Saí de lá e fui para a Telefônica quando houve o processo de privatização do setor de telecomunicações no Brasil. Vi como foi difícil a transição de uma empresa estruturada, sólida do ponto de vista de gestão, para uma empresa que ainda estava se formando no Brasil. Fiquei três anos na Telefônica, como gerente do grupo de produtos, e fui para a Microsoft em 2002.

Na Microsoft, confirmei que meu DNA é tecnologia, que eu sou apaixonada por isso e também por pequenas empresas e empreendedorismo. A mágica da tecnologia é sua capacidade de abrir novas possibilidades para as pessoas. Comecei minha trajetória na Microsoft como gerente de vendas para pequenas e médias empresas. Alguns dos projetos que mais me marcaram foram as parcerias que desenvolvemos para demonstrar o valor do uso da tecnologia para essas empresas de menor porte. Com a empresa de informática Hewlett-Packard, desenvolvemos guias de tecnologia para médicos, advogados e contadores, para citar alguns exemplos. Com a Endeavor, ONG de apoio ao empreendedorismo no Brasil, desenvolvemos uma parceira de apoio a empreendedores e startups. Isso há quinze anos, ou seja, antes de esse tipo de iniciativa se tornar tão comum quanto é hoje. Foi uma experiência muito marcante.

Na Microsoft, também trabalhei com gestão de produto, Office, Windows, rede e infraestrutura. Passei por áreas bastante distintas e cheguei a diretora de marketing e operações. Com isso, completei dez anos na companhia. Achei que deveria ou me reinventar nessa indústria em outras culturas, outros países, ou mudar de emprego e ficar no Brasil. Cheguei a um ponto em que precisei decidir se ficaria na Microsoft, mas iria para outro país, ou se ficaria no Brasil, mas numa outra empresa. Estávamos em 2013, antes da crise econômica, e o setor de tecnologia vivia um momento espetacular no Brasil. As empresas estavam investindo mais, os consumidores estavam adotando novas tecnologias. Além disso, minha família está aqui. Então resolvi ficar no país, mas sair da Microsoft.

Em 2013, fui para o Facebook. Meu objetivo era aprender. Atualmente, aprender significa desaprender. Quando alguém acha que sabe muito, para de aprender, e eu queria me desconstruir. Aproveitei a oportunidade de ir para uma empresa que estava completamente em aberto, uma página em branco. Depois de dez anos na Microsoft, achei que podia arriscar um pouco. No Facebook, eu era diretora de vendas para pequenas e médias empresas na América Latina, mas minha equipe eram duas pessoas. Tinha saído de uma empresa superestruturada, com muitos processos, então pensei: tenho de me adaptar. Eram duas pessoas muito inteligentes, só que pedi para ver o plano da área e não tinha. Pensei que pudesse ser uma questão de semântica — o.k., eles não falam plano. Então perguntei qual era o objetivo. Também não tinha. Eles me responderam: a gente faz o plano dia a dia. Ou seja, era uma cultura muito aberta, bem diferente da Microsoft. Fazíamos experimentos, acertávamos, errávamos. Foi muito importante aprender essa maneira de fazer as coisas.

Fiquei menos de um ano no Facebook. Em 2013, resolvi aceitar um convite para liderar a Apple no Brasil. É outra cultura, com um processo de decisão mais rígido. Também me estimulou a rever conceitos. Eu aprendi muito sobre consumidor, experiência de marca, posicionamento e qualidade de atendimento. Fiquei dois anos na Apple e voltei para a Microsoft em 2015. Assumi uma posição muito desafiadora, de presidente da Microsoft no Brasil, que me faz acordar todos os dias na ponta dos pés e feliz pra caramba. Às vezes me perguntam: "Para ser presidente da Microsoft, você teve de sair da empresa?". Na verdade, não é só um caminho que leva as pessoas para determinados lugares. É preciso fazer escolhas e correr riscos. Poderia ter dado errado, mas a verdade é que sair e voltar foi muito bom para mim.

Quebrando barreiras

A Microsoft passou por um momento de grandes questionamentos internos estratégicos no mundo e, quando voltei, tinha acabado de atravessar uma mudança importante, que foi a troca do CEO global. Em 2014, o Satya Nadella, que na época já estava na empresa havia mais de vinte anos, foi escolhido pelo conselho de administração para substituir Steve Ballmer, que é uma personalidade marcante.[1] Foi uma escolha inesperada. A missão do Satya era transformar a Microsoft, mas havia dúvidas. Como uma pessoa que passou tanto tempo dentro da empresa pode mudar radicalmente sua cultura? O incrível foi que ele conseguiu quebrar todas as barreiras.

Quando Satya assumiu o cargo, todos os produtos da Microsoft eram pensados para o Windows, e quem trabalhava com esse sistema só fazia isso. Era uma área muito protegida porque foi a grande responsável por alavancar a Microsoft durante anos. O Windows deu o primeiro acesso à tecnologia para muita gente. Mas o Satya resolveu mudar de modelo. Ele uniu todas as engenharias em uma área só e começou a pensar no cliente. Eu ainda estava na Apple quando a Microsoft lançou o Office, seu pacote de programas que inclui o Word e o Excel, para iOS, para fazer o download como aplicativo. Foi um dos maiores sucessos de download. O consumidor queria o Office, mas queria ter a opção de ser no iPad, e não num desktop, e também queria poder usá-lo no sistema operacional que desejasse.

Essa é a cabeça de um CEO que assume com uma visão externa,

---

1 Steve Ballmer foi um dos primeiros funcionários da Microsoft. Começou a trabalhar na empresa em 1980 e foi crescendo. Chefiou diferentes áreas da companhia. Em 2000, Bill Gates o escolheu para suceder a ele como CEO. Ballmer ficou no cargo até 2014.

com uma visão de que era preciso quebrar as barreiras e começar a pensar no cliente, e não apenas no produto. Mas, para que essas mudanças acontecessem, era preciso, primeiro, mudar a cultura da empresa. Uma frase atribuída a Peter Drucker[2] diz que "a cultura come a estratégia no café da manhã". A cultura da Microsoft até então era bastante corporativa e, de certa maneira, até arrogante. Afinal, era a empresa que havia mudado o mundo. A missão que Bill Gates, fundador da Microsoft, estabeleceu há mais de quarenta anos era levar um PC para cada mesa. Mas hoje temos um PC em cada bolso. Essa missão foi cumprida com sucesso e já estava entregue. O Satya criou uma nova missão: incentivar cada pessoa e cada organização do planeta a conquistar mais. Ou seja, a tecnologia deve levar as pessoas para a frente.

Para realizar a missão, a Microsoft precisava deixar de ser uma empresa que sabe tudo para se tornar uma empresa capaz de aprender tudo. O Satya fez um trabalho com a professora Carol Dweck, de Stanford, que escreveu um livro chamado *Mindset*.[3] Depois de uma série de estudos sobre a maneira como as pessoas pensam e se comportam, ela definiu que existem duas mentalidades básicas. Uma delas é a fixa: pessoas com essa mentalidade acham que sabem tudo. A outra é a mentalidade de crescimento: quem pensa assim entende que é possível aprender tudo, refazer. A Microsoft tinha uma cultura que não aceitava erros. Íamos até os clientes e dizíamos: não é disso que você precisa, eu sei do que você precisa. Nossa postura mudou completamente. Passamos a ouvir mais os clientes e tentar achar soluções para eles. Acredito muito no nosso portfólio de produtos e acho que temos a melhor plataforma. Mas sempre é possível evoluir.

A Microsoft também havia cometido um erro na estratégia de mobilidade. Erramos na leitura de mercado. Fizemos uma tentativa ao comprar a Nokia por 8 bilhões de dólares, mas, quando tomamos

---

2 Nascido em Viena, na Áustria, Peter Drucker foi um dos mais influentes consultores de empresas. Para muitos, é o pai da administração moderna. Faleceu em 2005.

3 *Mindset: A nova psicologia do sucesso*. São Paulo: Objetiva, 2017.

a decisão, o mercado já estava consolidado em duas plataformas, iOS e Android. Não fazia sentido. Hoje, nossa estratégia de mobilidade é ter nossos produtos e serviços dentro de qualquer aparelho. Eu tenho um iPhone e um Android, e uso o Office em ambos.

O ph.D. nem sempre resolve

A partir da mudança de CEO, a Microsoft traçou uma nova estratégia. Um dos pilares dessa nova estratégia era mudar a fonte principal de receita da Microsoft: em vez da venda de licenciamento de softwares e sistema operacional, passou a ser a venda de serviços. Quando lançamos o Windows 10, demos um ano de uso gratuito. Muita gente duvidou do Satya, mas isso fazia parte dessa nova visão. Não queremos mais vender produtos para sermos fornecedor de uma empresa. Queremos participar da transformação digital que está acontecendo no mundo dos negócios. Queremos fazer parcerias com governos para ajudar na transformação digital do setor público. Quem está na Microsoft hoje precisa querer fazer parte disso, porque vai trabalhar muito. O Satya está liderando esse processo e inspirando as pessoas. O papel dele é parecido com o do Bill Gates no início da Microsoft ou com o que o Steve Jobs teve na Apple. As pessoas olham e veem que esses caras têm algo de especial e estão dispostas a segui-los. Um dos problemas do mundo atual, não apenas nas empresas, é a crise de liderança. Faltam pessoas que inspirem com fatos, não como se fosse um mantra, uma religião. Alguns mitos de liderança foram caindo. Hoje, vemos que liderança sem vulnerabilidade não é real.

A Microsoft, nos dias atuais, é uma empresa diversificada. No passado, entre 70% e 80% das receitas vinham do Windows. Depois, aparecia o Office e o restante era 1%. Atualmente, os resultados financeiros mostram uma receita equilibrada entre Windows, Office, Xbox (marca de video game) e todo o nosso portfólio de serviços de nuvem e inteligência artificial, cuja principal marca é o Azure. Somos uma empresa reinventada capaz de participar dessa nova era.

Isso explica, em parte, a valorização das ações da Microsoft. Em janeiro de 2013, a Microsoft valia 225 bilhões de dólares na bolsa. Em junho de 2018, o valor havia saltado para 775 bilhões.

O modelo de gestão da Microsoft também mudou. No passado, gerenciávamos com base num grande número de métricas centralizadas. Hoje, o modelo é descentralizado para dar autonomia para as pessoas na ponta. A Microsoft é uma empresa global de 128 mil pessoas que trabalham em mais de cem países. Tem *datacenters* em 36 regiões, centros de pesquisa em oito localidades, inclusive no Brasil. Assim, existe uma estratégia mundial da companhia, que é definida pela liderança global, mas a maneira como ela é implementada varia de acordo com o país. Como presidente, eu tenho autonomia para tomar as decisões da subsidiária, e também para avaliar oportunidades e criar estratégias específicas para o Brasil. Aplico isso na gestão da minha equipe de liderança. Os diretores têm autonomia para conduzir seus negócios. Montamos no Brasil uma equipe forte de liderança local. Isso me ajuda bastante, pois ouço muito meus diretores antes de tomar qualquer decisão. Mas, obviamente, a responsabilidade final é minha e eu a assumo. O que existe é um alinhamento de todos na subsidiária aos objetivos e resultados.

No passado, tínhamos 21 princípios de liderança, e todos os gestores precisavam ser máster nos 21. Hoje, temos três princípios de liderança, e já é bem difícil ser mestre nos três. Definimos o que devem ser os atributos de um líder:

- Clareza, ou seja, ser capaz de se comunicar com as pessoas e engajá-las.
- Energia, o que significa querer construir uma organização que seja melhor amanhã do que é hoje. Deve ter otimismo e saber extrair o melhor das pessoas.
- Capacidade de gerar resultado. Não adianta ser legal pra caramba e não entregar.

Avalio esses três aspectos quando estou entrevistando candidatos, além do grau de alinhamento com a cultura da empresa. Aprendi algo interessante ao longo da carreira: contratamos com base nas *hard skills*, ou seja, formação, experiência e conhecimento, e demitimos por causa das *soft skills*, a maneira como as pessoas se relacionam e como encaram o trabalho. Buscamos o ph.D., mas ele precisa se identificar com a cultura da companhia. Não é um processo mecânico. O Fábio Barbosa (autor do prefácio deste livro, conselheiro do banco Itaú-Unibanco e ex-presidente dos bancos Real e Santander) tem uma frase ótima. Ele diz: "Contratamos o funcionário, o duro é que vem a pessoa junto".

Espero que, no futuro, a tecnologia nos ajude a avaliar melhor as pessoas e a diminuir os erros nas contratações, o que é bom para as empresas e também para os funcionários. Compramos o LinkedIn porque achamos que talento é o recurso mais importante no mundo atual. As *soft skills* não são boas nem ruins na largada — dependem da cultura da empresa e da forma como ela é gerida. Algumas características funcionam muito bem numa companhia e não em outra. Por isso é tão difícil analisar as pessoas, e é preciso tomar cuidado para não generalizar. O desafio é identificar quem se encaixa melhor em cada lugar.

O mercado de tecnologia é muito competitivo, e o recurso primordial das empresas desse setor são os engenheiros. Precisamos oferecer bons benefícios, mas só isso não basta. A escolha, especialmente dos mais jovens, também tem a ver com a causa. Às vezes, funciona como num casamento: é preciso renovar a vontade de fazer. Nós injetamos energia na equipe com os projetos que fazemos. A Microsoft entende que não dá para fazer projetos de responsabilidade social no mundo inteiro a partir dos Estados Unidos. É preciso ter um olhar atento à comunidade local, ao entorno, para identificar onde existe maior necessidade de atuação. Cada subsidiária da Microsoft no mundo precisa definir qual é o plano de contribuição para o país onde está instalada. No Brasil, optamos por trabalhar com educação e empreendedorismo. Alguns exemplos do que fazemos: doamos softwares para escolas, universidades e ONGs; fazemos campanhas para estimular crianças e adolescentes a programar; capacitamos professores e investimos em startups. Com isso esperamos construir uma sociedade mais conectada e capacitada para trabalhar com tecnologia, porque a próxima geração de empregos e negócios será muito mais baseada nela. Um exemplo: para apoiarmos financeiramente startups, criamos a Microsoft Participações, que, em parceria com outras empresas e entidades, lançou um fundo de investimento com foco no desenvolvimento de jovens empresas de base tecnológica. Chama-se Fundo BR Startups, e oferece investimentos entre 200 mil reais e 3 milhões de reais. Desde sua criação, em 2014, o fundo captou 27 milhões de reais com o banco Votorantim, a Monsanto, o grupo Algar, a Agência de Fomento do Estado do Rio de Janeiro (AgeRio), a BB Seguridade e a Qualcomm, além da própria Microsoft. Os primeiros anúncios de startups contempladas pelo Fundo BR Startups ocorreram em 2017.

Mais tecnologia, mais responsabilidade

Estar no mercado de tecnologia hoje é estar na linha de frente da transformação digital em curso na sociedade. Vale a pena olhar uma linha do tempo que mostra a evolução do *Homo sapiens* nos últimos 10 mil anos: toda a inovação que aconteceu nesse período está no finalzinho do gráfico. O custo da tecnologia está diminuindo numa escala nunca vista. Como consequência, muita gente tem acesso a ela, e é isso que está promovendo essa ruptura em diferentes setores — saúde, entretenimento, locomoção. E os setores que ainda não passaram por isso devem passar.

Um processo acelerado de automação e uso de inteligência artificial está em andamento, e ele vai mudar ainda mais a sociedade. Acredito que teremos acesso instantâneo a muito mais coisas — diagnósticos na área da saúde, por exemplo. Hoje fazemos check-up uma vez por ano: no futuro, talvez sejamos monitorados o tempo inteiro. Embora pareça meio chato para algumas pessoas, quem quiser poderá ter acesso a isso. Além disso, os médicos serão capazes de consultar as pesquisas e as teorias mais modernas e de usá-las para melhorar seus diagnósticos e tratamentos. Mais perguntas serão possíveis, e muitas respostas estarão acessíveis.

Algumas pessoas têm uma visão negativa sobre as mudanças que a tecnologia já provocou, e sobre as que ainda pode provocar. Existe uma ansiedade que é compreensível. O mercado de trabalho vai se transformar. Os empregos de hoje não serão os empregos do futuro, e quem não se adaptar poderá ficar pelo caminho. Por outro lado, o acesso à tecnologia nunca foi tão democrático. O Brasil tem 210 milhões de habitantes e 270 milhões de celulares, por exemplo. A inclusão digital aconteceu por meio dos dispositivos móveis. Existe inteligência artificial nos smartphones e, quanto mais você usa, mais inteligente ele fica. Também temos um maior acesso à informação. Olhando a história da humanidade, não tenho dúvida de que estamos vivendo os melhores momentos.

A Microsoft quer ser a empresa que vai democratizar ainda mais o acesso às novas tecnologias, como fizemos com os PCs no passado — e de forma responsável. Há alguns anos, fizemos um experimento. Criamos o algoritmo de uma persona e a deixamos exposta ao conteúdo das redes sociais. Com inteligência artificial, ela absorveu tudo em 24 horas. Tecnologicamente, o experimento foi perfeito. Mas precisamos tirá-la do ar porque essa persona tinha virado homofóbica, xenofóbica e malcriada. Além disso, expôs a Microsoft. Aprendemos que a tecnologia funciona, mas que, do ponto de vista social, temos uma grande responsabilidade e precisamos fazer com que essa tecnologia seja bem utilizada. Esse experimento da persona na internet gerou uma crise interna. Lidamos com as crises sem entrar em pânico ou fritar os responsáveis. Os engenheiros que criaram o algoritmo não foram demitidos — talvez no passado, na cultura antiga da empresa, tivessem sido. Nossa decisão foi tirar a persona do ar rapidamente assim que apareceram os problemas, e discutir o assunto para aprender com o erro.

Todos os grandes avanços tecnológicos — do avião à internet — podem ser usados para o bem e para o mal. O controle tem de ser humano. É por isso que diversas empresas de tecnologia têm tomado medidas conjuntas para estabelecer uma abordagem ética do tema. Precisa ser uma preocupação, e a sociedade deve vigiar. Mas não acho que a solução seja regulamentar a tecnologia ou tentar parar os avanços. Além do mais, não tem como parar muita coisa. O poder computacional e a energia estão ficando mais baratos, então inovar deverá ser cada vez mais fácil.

Em 2017, enfrentamos uma crise relacionada à segurança na internet. O Windows é a plataforma mais utilizada e, por isso, a mais atacada por vírus. Sofremos ataques dos vírus WannaCry e Petya. As empresas e os bancos dependem totalmente de seus sistemas tecnológicos e param quando há problemas. Decidimos disponibilizar gratuitamente um antivírus contra o Petya e o WannaCry para todas as empresas. Abrimos mão de receita porque nossa responsabilidade é garantir a segurança dos clientes e dos usuários.

É comum ver empresas que pagam para ter segurança física, mas se preocupam pouco com a segurança on-line. Todos precisamos estar atualizados em relação à segurança digital num mundo em que as ameaças virtuais estão cada vez mais sofisticadas. Considerando o valor dos dados de uma empresa, indivíduo ou instituição nos dias de hoje, essa questão precisa estar no topo das prioridades. A Microsoft assumiu um compromisso com os princípios de segurança, privacidade, *compliance* e transparência em todos os nossos produtos e serviços. A empresa investe 13 bilhões de dólares por ano em pesquisa e desenvolvimento, sendo que, desse valor, 1 bilhão de dólares são investidos exclusivamente em segurança.

Meu dia a dia às vezes é glamoroso, mas na maioria das vezes não é. Às terças, tenho uma reunião de duas horas com a equipe, não importa onde ela esteja. Tentamos equilibrar o horário, mas, às vezes, em razão de diferenças de fusos horários, alguém vai ter de acordar às quatro da manhã para participar. Vale para mim também: respeitamos religiosamente essa reunião, onde quer que eu esteja. Dez executivos que respondem diretamente a mim participam. Nessa reunião, realizamos um acompanhamento dos negócios de maneira abrangente, incluindo informações sobre os projetos de transformação digital de clientes. Também tratamos de assuntos importantes, como gestão de talentos, cultura, ética e conformidade, investimentos no plano de impacto local no Brasil, nossa estratégia e execução dos programas de educação e empreendedorismo, diversidade e inclusão.

Procuro me engajar bastante em todas as atividades da empresa. Participo diretamente de comitês e treinamentos, e falo com frequência aos funcionários sobre questões de integridade e boas práticas. Sei que as pessoas me têm como um exemplo a ser seguido, então procuro me expor em certas situações que reforcem nossos valores e nossa cultura. Se aprendizado é uma coisa importante, eu sempre pergunto: "O que você aprendeu com esse episódio?". Tanto nos sucessos como nos fracassos.

Uma vez por mês me encontro com todos os meus gestores de pessoas — são cerca de sessenta. O objetivo é manter a equipe alinhada em termos de cultura e objetivos. Fora isso, faço reuniões individuais com os meus funcionários diretos uma vez por mês, formalmente. São reuniões de coaching. Quando as coisas não vão bem, eu dou feedback direto e acho que consigo ser bem dura mesmo sendo gentil. Também tenho esse tipo de reunião com meu chefe uma vez por mês — respondo para o presidente da América Latina, Cesar Cernuda. Mas 70% do meu tempo é dedicado aos clientes. Tenho um algoritmo ligado à minha agenda que avisa quando essa taxa cai abaixo de 70%. Se isso acontece, mudo a agenda para voltar à meta.

Fora da empresa, gosto bastante de dar palestras para falar da transformação digital, para disseminar ideias e provocar discussões. Um livro que acho muito interessante é *Homo Deus*,[4] que defende a ideia de que estamos nos tornando outra espécie. Não somos mais o mesmo ser humano de cinquenta anos atrás. Não sei se a evolução vai passar pelo surgimento de cyborgs, inserção de chips cerebrais, mas acredito que vamos continuar mudando. É preciso parar para refletir sobre esses assuntos. Continuo achando que o homem é insubstituível na capacidade de fazer perguntas, mas pode ser ajudado em muitos aspectos do dia a dia.

---

4 Yuval Noah Harari, *Homo Deus: Uma breve história do amanhã*. São Paulo: Companhia das Letras, 2016.

10. Paulo Kakinoff

PRESIDENTE DA EMPRESA AÉREA GOL

Fascinado por carros, Kakinoff começou sua carreira na montadora Volkswagen, como estagiário, após completar o segundo grau em uma escola técnica. Teve uma ascensão rápida na empresa. Em 2004, aos trinta anos, foi promovido a diretor executivo de vendas e marketing. Cerca de quatro anos depois, mudou-se para a Alemanha, onde foi responsável pelas marcas da Volkswagen na América do Sul, entre elas a Audi. Em 2009, Kakinoff tornou-se presidente da Audi no Brasil. No ano seguinte, foi convidado para ser conselheiro da Gol, a maior companhia aérea do país. Em 2012, assumiu o comando da Gol e a reestruturou. Tem 43 anos, é casado e pai de dois filhos.

"Dormia dentro dos carros sem que ninguém percebesse"

Nasci em 1974, na cidade de Santo André, que, com São Bernardo do Campo e São Caetano, compõe o ABC, na região metropolitana de São Paulo. Naquela época, nascer no ABC e não ser culturalmente afetado pela indústria automobilística era como nascer no Havaí e não surfar.[1] Essa indústria era muito pujante: era o motor do desenvolvimento econômico do país e estava em crescimento.

Meu pai trabalhava na área de desenvolvimento de produtos da montadora Volkswagen. Meus tios e um primo também trabalhavam no setor. Desde pequeno, sou encantado por tecnologia e engenharia no sentido mais básico: sempre achei bacana ver o que o homem consegue transformar a partir da construção engenhosa. Uma das funções do meu pai era testar os carros e, por isso, ele levava os lançamentos para casa. Eu era completamente fascinado por aquelas máquinas.

Minha família era de classe média baixa. Não levávamos uma vida pobre: tínhamos casa, comíamos bem e meus pais acreditavam que os filhos deveriam estudar para ser bons profissionais. Assim, todas as economias eram investidas em educação. O que havia de mais tecnológico em minha casa era a televisão, então o carro era quase uma espaçonave para mim, ainda mais quando sofisticado e caro, um bem que minha família jamais teria condições de comprar. Acho que passei boa parte da infância e adolescência dentro desses carros. Ficava mexendo em todos os botões, analisando o painel.

Em 1993, quando terminei o segundo grau de tecnologia eletrônica na Escola Técnica Estadual de São Paulo, fui fazer um estágio na Volkswagen. O ex-presidente Fernando Collor havia acabado de abrir o mercado brasileiro para a importação de automóveis, e o setor estava começando a se transformar.[2] Fora do país, muitos carros já vinham com air bag e freios ABS, mas, aqui, o que havia de mais tecnológico em um automóvel era um relógio digital azul no teto. Precisávamos mudar.

Graças ao investimento dos meus pais, eu falava inglês com alguma fluência, o que não era tão comum na época. Assim, fui trabalhar

---

1 O ABC é uma região industrial próxima à capital paulista, formada pelas cidades Santo André (o A da sigla), São Bernardo do Campo (B) e São Caetano (C).

2 O ex-presidente Fernando Collor de Mello sofreu impeachment em 1992, em meio a denúncias de corrupção.

na área responsável pelo desenvolvimento dos manuais de treinamento para a rede de concessionárias da Volkswagen. Quatro meses depois, o engenheiro a quem eu servia, basicamente lavando peças, precisou voltar a seu país natal, o Líbano. Meu chefe me chamou e disse: "Pela mais absoluta falta de opção, você vai fazer uma parte do trabalho dele. Faça o melhor que puder". Agarrei aquela oportunidade como única.

Minha função passou a ser desmontar completamente cada novo modelo e então montá-lo, anotando como o fazia — as informações eram usadas na elaboração dos manuais de carros. Cheguei a cerca de 80% do que meu amigo engenheiro faria, proporção que representava o dobro do que se esperava de mim. Passava o dia perguntando a engenheiros como o automóvel funcionava. À noite trabalhava, aplicava o que tinha aprendido. Os modelos novos ficavam numa área isolada da montadora, protegidos do público, de fotógrafos e de jornalistas, para não prejudicar os planos de lançamento. Isso me permitia dormir dentro dos carros sem que ninguém percebesse. Quando me sentia muito cansado, era o que fazia. Parecia que eu era o primeiro a chegar e o último a sair, mas na verdade eu não voltava para casa.

Adoraria dizer que tive traços de brilhantismo, de inteligência fora do comum, mas não foi assim que cresci, e sim trabalhando muito. O mais interessante é que não via essa atitude como sacrifício; eu me sentia fascinado de verdade pelo que fazia. Ajudou muito no meu crescimento o fato de saber, desde cedo, o que queria da vida do ponto de vista profissional. Sabia que queria trabalhar perto desse ambiente de técnica e produção em grande escala. Via as evoluções tecnológicas e me interessava cada vez mais pelo setor. Em 1997, decidi estudar administração, após ter iniciado o curso de engenharia e percebido rapidamente que a Volkswagen teria muito mais a me ensinar nesse campo do que o curso escolhido.

Alguns anos depois, em 2004, tornei-me diretor executivo de vendas e marketing da empresa, posição que ocupei até 2007. Depois disso, fui para a Alemanha cuidar das marcas do grupo Volkswagen na América do Sul. Eram dez marcas, entre elas Audi, Bentley e Lamborghini. Em 2009, a Audi readquiriu sua operação no Brasil. Aí voltei para assumir a função de CEO da Audi no país.

O que me estimulou a mudar para a Audi foi o desafio. Em 2009, o posicionamento da marca no Brasil estava muito desfigurado. A empresa havia investido basicamente num único modelo, o Audi A3, e não apresentava bons resultados. Vinha reduzindo sua participação de mercado, e a marca perdia valor. Achei que era uma chance de usar, embora de modo diferente, o que eu havia aprendido na Volkswagen. Nessa empresa, minha função era de executivo, de fazer a companhia crescer e aprimorar indicadores. Na Audi, o trabalho seria de reestruturação. O principal objetivo era aumentar significativamente a presença da marca no país, então montamos um plano agressivo para lançar um modelo novo a cada 45 dias. Assim, trouxemos para o Brasil o A1, o Q5, os esportivos S3, R8, RS6 e TTS, entre outros. O plano funcionou. Em três anos, o volume de carros comercializados pela marca no país triplicou.

Os concorrentes quebraram

A população brasileira ainda tem um baixo poder aquisitivo. Por isso, a penetração de bens duráveis é pequena. O mercado de automóveis é formado por cerca de 30 milhões de carros, ou seja, é um produto majoritariamente para as classes A e B. A Gol é diferente. A empresa atende da classe A à classe D e é listada nas bolsas de valores do Brasil e dos Estados Unidos. A oportunidade de aprender a lidar com esses diferentes públicos — clientes distintos, investidores brasileiros e estrangeiros — me atraiu.

A Gol é o produto genial de uma mudança regulatória que ocorreu em 2000 no setor de aviação e permitiu a liberdade tarifária. Até então, o preço das passagens era definido assim: as empresas aéreas apresentavam seus custos ao governo, que revisava os números e definia o preço a cobrar. Era um modelo que involuntariamente permitia, ou até incentivava, a adição de custos. As empresas que quisessem podiam melhorar o serviço indefinidamente porque bastava colocar uma margem em cima das despesas — se os números fizessem sentido, o governo autorizava as tarifas. A consequência disso foi que as passagens ficaram inacessíveis para a maioria da população. Algumas pessoas mais saudosistas dizem: "No meu tempo, eu voava pela Varig, tinha caviar, cinco comissários, muito espaço". É verdade, mas a passagem de São Paulo a Brasília custava novecentos reais — por trecho. A Gol cobra um terço desse valor, em média. Eu voei pela primeira vez com catorze anos, em 1988. Foi uma viagem para Goiânia financiada em dez vezes.

Em 2001, quando a Gol surgiu, trouxe ao mercado uma tarifa média de trezentos reais por passagem, em valores nominais, enquanto as concorrentes — Varig, Vasp, Transbrasil e TAM — cobravam em média seiscentos reais, ou seja, o dobro. Nessa época, eram vendidos no Brasil 30 milhões de bilhetes aéreos por ano e 70 milhões de bilhetes rodoviários, para viagens de mais de 75 quilômetros. Em 2018, o número de bilhetes aéreos vendidos era de 100 milhões e o de rodoviários, 40 milhões. Houve, portanto, uma migração, essencialmente promovida pela Gol.

A empresa teve crescimento anual de 18%, em média, nos primeiros anos que se seguiram à sua fundação. Seu modelo de negócios de baixo custo e baixa tarifa já existia no exterior, mas era inédito no Brasil. Além disso, o setor foi muito beneficiado pela conjuntura favorável: a economia brasileira estava em crescimento, o poder aquisitivo da população também aumentava e as aeronaves eram adquiridas por preços relativamente baixos. Some-se a esse cenário o fato de que, depois dos atentados de 11 de setembro de 2001 nos Estados Unidos, o mercado mundial arrefeceu, o que levou à queda dos preços dos aviões.

A Gol já nasceu com um sistema muito rigoroso de controle de custos — foi pioneira na venda de bilhetes pela internet, por exemplo — e com um modelo que previa a alta utilização das aeronaves. Tudo isso permitiu que chegássemos ao mercado cobrando menos. O espaço entre as poltronas era menor e os clientes recebiam uma barrinha de cereais, mas estavam superfelizes. Para quem levava três dias viajando de ônibus, aquilo era quase um hotel cinco estrelas.

O aspecto mais determinante para o êxito da companhia foi a combinação da visão empreendedora da família Constantino, que fundou a Gol, com uma gestão disciplinada, integrada e vigorosa na primeira década da empresa, consolidando os pilares fundamentais que a transformaram num caso de crescimento vertiginoso na história da aviação mundial. Suas fortalezas — segurança, baixo custo por meio de alta eficiência e produtividade, além do uso intensivo de tecnologias digitais — permitiram à companhia superar os enormes desafios impostos pelo ambiente externo nos anos que viriam a seguir.

O surgimento da Gol foi tão disruptivo que, passados alguns anos, apenas um dos quatro maiores concorrentes da empresa sobreviveu. Varig, Vasp e Transbrasil sucumbiram (a Gol adquiriu a Varig); a TAM se fundiu com a LAN, criando a Latam.[3]

Cara a cara com os clientes

Para mim, não há nada mais fascinante feito pelo homem do que o avião. É evidente que não é a máquina mais sofisticada que existe — temos ônibus espaciais, satélites, foguetes —, só que ela transporta bilhões de pessoas todos os anos. Em qualquer segundo do dia, há cerca de 15 mil aeronaves voando simultaneamente, e 10 mil delas são grandes, do porte das aeronaves da Gol. Se todas tivessem de pousar ao mesmo tempo, não haveria espaço suficiente nos pátios dos aeroportos.

Trata-se de um sistema complexo e incrível. Ainda assim, o setor aéreo não conseguiu deixar de ser refém do aspecto mais básico da teoria econômica, que é a relação entre oferta e demanda. O setor vive um ciclo que, explicado de modo simplista, funciona assim: quando o mercado está bom e, portanto, há mais demanda do que oferta, as empresas encomendam aviões, que levam de três a quatro

3 A Transbrasil teve sua falência decretada em 2002 e a Vasp faliu em 2008. A Varig foi comprada pela Gol em 2007, depois de entrar em recuperação judicial.

anos para serem entregues. Mas quando uma empresa aérea tem essa ideia, as concorrentes também têm, então em quatro anos há mais oferta de aviões do que clientes para usá-los. Aí as companhias passam a reduzir os preços, algumas quebram, outras são compradas. Depois de um tempo, a capacidade diminui, as empresas voltam a ganhar dinheiro e o ciclo recomeça.

No Brasil, esse ciclo ocorreu a partir de 2010. A Gol e as concorrentes mantiveram encomendas de aviões novos. Quando eles começaram a chegar, o Brasil estava em crise, depois entrou em recessão e a demanda despencou. Além disso, o dólar foi a quatro reais, o que aumentou enormemente os custos.

O setor aéreo é tido pelas empresas de consultoria como um dos três mais desafiadores do mundo, em razão do grau de exposição dos seus custos à volatilidade internacional. Não existe financiamento de aeronaves desse porte feito por instituições financeiras do Brasil, então forçosamente todo financiamento deve ser feito no mercado externo. Esse fator, sozinho, representa de 6% a 8% dos custos de uma companhia aérea. Em seguida vem a manutenção de motores, que também é realizada quase que majoritariamente na Europa e nos Estados Unidos, ou seja, é paga em euros ou dólares. E, finalmente, temos o combustível: o querosene de aviação é vendido no Brasil de acordo com a cotação internacional diária. Somados, esses três itens, cujos valores dependem do comportamento do câmbio, representam 55% dos custos de uma companhia aérea. Além de todos esses fatores, temos as dificuldades relacionadas ao país: as variações econômicas, as incertezas políticas. Em resumo, conseguimos gerenciar completamente de 30% a 35%, apenas, das despesas totais da empresa.

Depois de 2010, uma tempestade perfeita atingiu a Gol, num momento em que seu modelo de negócios, que havia sido extremamente bem-sucedido por uma década, já não era mais tão inovador. Como esperado, a fórmula da Gol foi copiada pelos concorrentes e o preço baixo deixou de ser um grande diferencial. Por um valor 50% mais baixo, os clientes aceitam viajar com menos conforto. Se a diferença cai para 10%, no entanto, eles pensam duas vezes.

Eu integrava o conselho de administração da Gol desde 2010. Em 2012, no meio desse ambiente bastante desafiador, recebi o convite para ser CEO e reposicionar a empresa. Essa mudança foi muito mais complexa do que a liderada por mim na Audi, mas, ao mesmo tempo, muito mais fascinante.

De 2009 a 2012, a Gol estava com boa parte de sua energia concentrada na reestruturação de processos pós-aquisição da Varig. Foi um período de transição, de integrar as culturas e resolver desafios operacionais. Quando assumi a função de CEO, essa fase estava concluída, mas ainda havia oportunidades para melhorar processos e obter ganhos adicionais de produtividade. Desenvolvemos um programa de reposicionamento da Gol, que durou de 2012 a 2017, para que a companhia tivesse condições de liderar um mercado em mutação. No passado, o grande atrativo da Gol era trazer as pessoas para voar pela primeira vez. Hoje ainda há espaço para transferir passageiros do transporte rodoviário para o aéreo, e o único caminho é oferecer baixas tarifas. Em 2012, no entanto, o número de passageiros aéreos era muito maior do que quando a Gol surgiu, e o nível de exigência desses clientes também havia crescido. Por isso, uma das primeiras coisas que fizemos foi ouvi-los para saber quais eram suas principais reclamações e sugestões.

Duas semanas depois de assumir a presidência, estabeleci que, se estivesse no Brasil, reservaria a manhã de quinta-feira para viajar com a Gol para algum destino, saindo do aeroporto de Congonhas, em São Paulo, onde se localiza o escritório da empresa. Faço isso ainda com frequência, normalmente em voos de até duas horas. Pouco antes de a aeronave pousar, vou até a parte dianteira e digo algo assim aos passageiros: "Bom dia, sou Paulo Kakinoff, presidente da Gol, e estou aqui hoje para ouvir o que vocês têm de sugestões, críticas, elogios. Quando terminar o voo, estarei fora da aeronave à disposição dos que quiserem contribuir".

No primeiro dia em que fiz isso, assim que pousamos no aeroporto Santos Dumont, no Rio de Janeiro, uma fila de pessoas se formou na minha frente. Pensei: "Isso vai ser um pouquinho mais complicado do que eu imaginava". Mas, à medida que a ação se repetiu, percebi que as abordagens se concentravam em cinco grandes temas: pontualidade, espaço entre as poltronas, alimentação, o programa de fidelidade e desejos específicos das pessoas, como seleção de filmes. Esse material foi uma base importante para orientar nossa análise e nossas decisões.

Paralelamente, na medida em que nossos concorrentes se concentravam no segmento de baixo custo, decidimos explorar mais e melhor outro segmento do mercado, o dos passageiros que viajam a negócios. A Gol havia crescido, estava presente nos principais aeroportos do país, e achamos que tínhamos condições de encantar esses clientes, desde que fizéssemos algumas mudanças. Para o cliente corporativo, o preço é relevante, claro, mas é o quinto item na lista de prioridades. O que ele mais valoriza são a pontualidade e uma grande oferta de voos nos principais aeroportos. A exigência seguinte é ter espaço para poder trabalhar ou descansar com conforto. Juntando isso ao conteúdo das conversas com os passageiros na saída dos aviões, iniciamos a transformação da Gol.

A malha aérea de uma companhia é de uma complexidade inimaginável. Em 2013, como já conhecíamos melhor nosso cliente corporativo e os atributos por ele valorizados, fizemos a primeira de duas revisões completas de nossa malha. Passamos a ter uma concentração ainda maior de decolagens entre seis e nove horas da manhã e entre seis e nove horas da noite. Em seguida, investimos na liderança do ranking de pontualidade.[4] Essa conquista veio da combinação de diferentes mudanças. A principal delas foi a padronização da configuração interna dos aviões. Para conseguir crescer e atender à demanda criada pelo sucesso de seu modelo de negócios, de 2001 a 2010, a Gol concentrou-se no aumento de sua frota de aeronaves na maior velocidade possível, buscando aviões em diversos mercados. Além disso, a partir de 2008 incorporou os aviões da Varig. Como consequência, em 2012 existiam 34 configurações dife-

4 A Gol foi a companhia aérea mais pontual do país em 2016, segundo levantamento da consultoria inglesa OAG Aviation Worldwide. Em 2017, ficou em segundo lugar, atrás da Azul.

rentes de assentos entre as 140 aeronaves que a empresa operava. Isso gerava atrasos. No caso, por exemplo, de um avião ter de fazer uma manutenção imprevista e outro ser deslocado para realizar aquele voo, se a configuração fosse diferente, o embarque demorava mais, porque os números de assentos divergiam. Era preciso reacomodar os passageiros. Em média, isso atrasava o embarque em três minutos. Parece pouco, mas realizávamos entre oitocentos e 850 voos por dia, e cada aeronave podia fazer até nove voos diários. Se havia outros problemas no decorrer do dia, à noite o atraso total podia chegar a uma hora. Para evitarmos isso, implantamos a padronização. Essa mudança levou um ano, de 2013 a 2014, pois os aviões não podiam ser retirados da malha por muito tempo. Realizávamos as alterações durante a noite.

Para darmos maior conforto aos clientes dispostos a pagar mais, retiramos nove assentos dos aviões, passando a oferecer duas classes. Nas primeiras filas das aeronaves, o espaço entre as poltronas foi aumentado para 33 polegadas para os que querem mais espaço. No restante das poltronas, permaneceu a distância de trinta polegadas, para quem deseja economizar.

Passamos a ter duas companhias aéreas funcionando em um mesmo avião. Alguns passageiros pagam cem reais para voar mil quilômetros. Compram sua passagem com seis meses de antecedência e estão sentados em poltronas-padrão, mas sua conquista é trocar uma viagem de três dias de ônibus por uma de três horas de avião. No outro extremo, está o cliente que não abre mão de embarcar primeiro, acumular pontos no programa de fidelidade, viajar em poltrona de couro, com maior distância do assento vizinho, wi-fi, TV a bordo — itens que uma empresa tradicional de baixo custo não oferece.

Em busca do voo tipo "teletransporte"

O plano de transformação transcorria como planejado quando veio a crise de 2015. O país entrou em recessão, o dólar disparou. Nosso endividamento chegou a onze vezes a geração de caixa.[5] Em 2015, registramos nosso maior prejuízo, de 4,3 bilhões de reais. A companhia nunca tinha se visto diante de uma crise dessa magnitude.

Superado o choque inicial, e depois de uma série de reuniões internas, montamos uma estratégia para sair da crise. Passamos doze semanas redesenhando nossa estrutura de custos e nossos voos. Para renegociar contratos, foi fundamental o relacionamento de muitos anos que tínhamos com fornecedores. Algumas aeronaves estavam encomendadas e com o sinal já pago, mas não havia demanda, porque o país estava em crise. Conversamos com a Boeing, fabricante de aeronaves, e mudamos o contrato, não só para 2015 e 2016, mas para os dez anos seguintes. Os novos contratos dão flexibilidade para postergar ou adiantar o recebimento de aeronaves, e mesmo para devolvê-las.

A Gol é capaz de absorver uma queda de demanda de 1% ao ano e uma alta de 7% ao ano, de forma acumulada, pelos próximos dez anos. Essa condição dificilmente seria obtida fora daquele ambiente de necessidade extrema. Também renegociamos o pagamento da dívida com bancos e investidores, o que nos trouxe fôlego financeiro para atravessarmos o período mais crítico da crise. Não passamos por essa situação complicada por falta de planejamento. Empresas de todos os setores — talvez com exceção do agronegócio — sofreram com a recessão brasileira, que não fazia parte das contas de ninguém. Mas aproveitamos esse período para fortalecer a companhia e blindá-la para enfrentarmos outras crises que sem dúvida virão.

Foi preciso investir pesadamente em tecnologia, e para isso a Gol cortou custos, ao mesmo tempo que passou a oferecer o melhor serviço do setor. Hoje a empresa já permite o check-in por reconhecimento facial. Quem compra uma passagem pelo aplicativo pode ir direto para o aeroporto, fazer uma foto de si mesmo e pronto, está

5 Em empresas saudáveis, esse indicador do total da dívida em relação ao Ebitda (lucro antes de pagamento de juros, impostos, depreciação e amortização) fica em torno de três vezes.

feito o check-in. Além disso, por meio da geolocalização, cruzamos os dados de onde o passageiro está quatro horas antes do voo com o horário do embarque e as informações das condições de trânsito. Revelada a possibilidade de o cliente não chegar a tempo ao aeroporto, avisamos e mandamos opções de alteração de voo. Caso ele chegue mais cedo, e se houver disponibilidade, oferecemos a alternativa de antecipar o embarque. Tudo isso pode ser feito digitalmente. Essas mudanças, e também o fato de o check-in on-line ter se tornado mais comum, permitiram a redução do total de funcionários da Gol de 20 mil para 15 mil. Fizemos isso deixando de repor os colaboradores de aeroportos que saíram em razão do *turnover* típico dessa área, por exemplo.

Nesse período de crise, também investimos nas poltronas das aeronaves. Trocamos o tecido por couro sintético, que é mais durável, de mais fácil higienização e dispensa o uso de capa de encosto de cabeça. Essa capa tinha de ser trocada a cada dois pousos. Além disso, como o couro é mais rígido que o tecido, a estrutura das poltronas pôde ser substituída por uma mais leve. A maior facilidade de higienização trouxe uma economia de tempo de dois minutos por pouso e, com a troca de estrutura, o peso de cada avião se reduziu em trinta quilos, o que resultou em economia de combustível. Inteligência é reduzir custos gerando valor para o cliente ou, no mínimo, mantendo o alto padrão. Temos serviços exclusivos para o cliente que está disposto a pagar. O wi-fi, por exemplo, não é gratuito.

Em 2018 completamos a adaptação dos bancos em toda a frota de aeronaves, e passamos a oferecer os serviços de wi-fi, TV ao vivo a bordo, carregadores de celular, *snacks* orgânicos e bebidas não alcoólicas gratuitas. Infelizmente, uma das principais percepções que existem a respeito do transporte aéreo é que ele vai tomar nosso tempo: "Não estou conectado à internet, não consigo trabalhar nem descansar direito". Nossa meta é que o cliente não sinta que está viajando de avião. Queremos que o voo seja percebido como uma máquina de teletransporte. É claro que falta muito para chegar lá, mas continuamos investindo. Mesmo durante a crise, não alteramos nosso plano de transformação.

É importante lembrar que, na saída da crise, fomos beneficiados por dois fatores: a desvalorização do dólar, que saiu daquele patamar de quatro reais, e a queda do petróleo, que reduziu o custo do nosso combustível.[6] Para o período entre 2018 e 2023, o plano é expandir nossas rotas internacionalmente. Diminuímos as frequências durante a crise, mas em seguida as retomamos. Em 2018, já havia voos diretos de Natal, Salvador, Fortaleza ou Recife para Buenos Aires, por exemplo. Também encomendamos um novo tipo de avião, o 737 MAX, cujo alcance é 15% maior. O objetivo é trocar 100% da frota em até dez anos, porque esse avião é 15% mais econômico que o modelo que usamos hoje.

Uma certeza: o surgimento de imprevistos

Quando assumi a primeira posição de CEO da minha vida, entre minhas preocupações estava a de continuar sempre meu processo de desenvolvimento. Uma das formas que encontrei foi "ouvir" de forma estruturada, a cada seis meses, todos os que se reportam a mim — vice-presidentes, diretores e assistentes, especialmente sobre as minhas falhas. Nos semestres bons, a lista tem quatro pontos a serem discutidos; nos ruins, oito. A esse processo se soma todo o desenvolvimento individual, da equipe e da organização que temos tido na Jornada da Cultura, tema que abordarei mais adiante.

Um dos meus grandes defeitos é ficar ansioso e impaciente — por exemplo, ao assistir a longas apresentações em PowerPoint. Quando a apresentação chega ao slide 6, já estou muito incomodado. Mas sei que isso é um problema, porque muitas pessoas passam semanas preparando a apresentação de um projeto, que forçosamente terá vinte slides. Tenho de conseguir manter meu genuíno interesse até o final da apresentação, e me esforço para isso. Também preciso me organizar melhor para ser pontual. Respeito muito o tempo dos

6 A empresa voltou a dar lucro em 2016 e 2017. O ganho, somado, foi de 1,5 bilhão de reais. O endividamento total caiu para três vezes a geração de caixa em 2017.

outros, mas tenho o péssimo hábito de achar que, entre um compromisso e outro, consigo encaixar algo — e nem sempre isso dá certo. Tento resolver esse problema usando alarmes no relógio, que está sempre propositalmente adiantado, e deixando espaços na agenda.

Na Gol, um dos aspectos que achei mais difíceis de lidar foi o da habitual rotina de trabalho fora dos dias úteis. Na indústria automobilística, o expediente de trabalho acaba na sexta-feira às seis da tarde e recomeça na segunda-feira de manhã. Salvo raríssimas exceções, o fim de semana é livre. Em uma empresa aérea isso não acontece. A tarde de sexta-feira é de trabalho intenso, equivalente ao meio de semana da indústria automobilística. Feriados, fim de ano, Carnaval... Todos são períodos tensos. É importante encontrar formas de equilibrar a rotina para que ela não se torne insalubre.

Busco esse equilíbrio passando tempo com a família e praticando esportes. O nascimento do meu primeiro filho mudou por completo minha vida — e, em consequência, minha rotina de trabalho. Mantive essa nova rotina quando minha filha nasceu, em 2018. Ainda passo cerca de duas semanas por mês em viagens: visito nosso principal fornecedor, a Boeing, estabelecida em Seattle; falo com os bancos e investidores internacionais que financiam nossa operação e com nossos sócios estrangeiros, a Delta Airlines e o grupo Air France/KLM. Quando estou no Brasil, no entanto, procuro levar meu filho à escola todos os dias de manhã e também reservar uma hora, à noite, para estar com eles. Nesses momentos, fico totalmente off-line: não atendo o celular, não checo e-mails. Também procuro manter sete horas de sono, no mínimo, o que faz muita diferença para mim. Exceto por esses períodos, estou sempre ligado. O setor de aviação é 24/7, e os executivos estatutários de companhias aéreas têm a obrigação de estar disponíveis 100% do tempo. Se eu resolver ir meditar no Nepal, preciso garantir que estarei acessível.

Quando o dia começa na Gol, temos duas certezas: 100% das próximas 24 horas estão minuciosamente planejadas — e a chance de tudo sair conforme planejado é zero. Os voos podem ser alterados por condições climáticas, o trânsito pode gerar atraso de passageiros, pode haver greve em algum lugar. O interessante do setor aéreo não é a capacidade de planejamento no longo prazo, mas como a empresa consegue absorver os frequentes imprevistos.

Do ponto de vista da gestão, tento combater uma tendência muito forte que vejo na formação de executivos: acreditar que, aplicando algumas "regrinhas de bolso" de gestão, é possível resolver problemas de qualquer empresa ou melhorar qualquer negócio. Acredita-se que, após a leitura de um livro que revela "as cinco maneiras de encantar seu chefe" ou de uma biografia no estilo "como conquistei o mundo", já deu para entender tudo. Infelizmente, muitas pessoas descartam a análise dos aspectos conjunturais que contribuíram para determinado sucesso e das idiossincrasias que certos mercados e empresas têm e que também são determinantes para isso. É indiscutível que Steve Jobs, fundador da Apple, foi uma das pessoas mais geniais em design de *gadgets*. Como gestor, porém, ele era um déspota. Isso significa que é preciso ser um déspota para ser genial? Claro que não. A gestão que procuro incentivar na Gol começa por rechaçar essa simplificação dos caminhos e esse desejo de achar fórmulas e copiá-las.

Foi assim, na busca de um melhor preparo da empresa e de seus executivos para construirmos juntos o nosso futuro, que mergulhamos na Jornada da Cultura. Éramos conscientes de que a cultura que tínhamos, embora fosse fonte indiscutível do sucesso da empresa nos dez primeiros anos, não nos daria condições de construir o nosso futuro.

Transformação cultural

No período de pouco mais de seis anos como CEO da Gol, contei desde o primeiro minuto com a participação e o apoio incondicional do conselho de administração, que sempre demonstrou total disponibilidade para, a qualquer tempo — e as demandas nesse sentido eram muitas —, analisar, discutir e orientar as propostas do time dirigente.

Sem esse engajamento, dificilmente teríamos conseguido viabilizar sequer a metade dos projetos propostos. Na minha perspectiva pessoal, constituiu-se fator fundamental a presença quase diária do *chairman* da organização, Constantino de Oliveira Júnior. Com ele, tenho o privilégio de aprender da forma mais rápida possível essa ciência complexa que é a gestão de uma empresa aérea; todo dia sou orientado e ouvido na discussão de novas ideias.

Avalio que, entre tais ideias, nessa fase de conquistas relevantes para a Gol, nenhum outro projeto foi tão importante, de forma isolada, quanto a transformação da cultura da empresa. Por meio de um programa amplo, intensivo e muito impactante, conduzido ao longo de três anos por uma consultoria que considero a melhor do mercado na área de gente e cultura, a BTA, e contando com a dedicação significativa da alta direção da companhia, obtivemos a transformação de toda a organização.

Esse processo se iniciou com a decisão de fazer a Jornada da Cultura, um mapeamento da nossa cultura para identificar o que a consultoria denomina de lado "sol" e lado "sombra". Tivemos algumas alegrias com o "sol" e muita dor com a "sombra", e estávamos decididos a fazer a mudança necessária. Começamos por ressignificar nossos valores e acrescentamos um quinto valor aos já existentes. Esse processo foi feito de modo bastante inclusivo, cultivando nas pessoas o desejo de mudar. O Time de Águias — como é chamado o conjunto de 15 mil colaboradores da empresa — participou de todas as etapas do processo. Merece destaque especial o trabalho coletivo de redefinição dos nossos valores, que ficaram assim definidos:

Segurança — é o nosso valor número um, que orienta todas as nossas ações.

Baixo Custo — temos o mais baixo custo do setor.

Time de Águias — somos uma empresa de oportunidades, com a melhor equipe da aviação brasileira.

Inteligência — maximizamos nossos resultados com soluções inteligentes e tecnologias.

Servir — o jeito Gol de servir nos torna a melhor opção para o cliente.

Revisitamos também nosso propósito, que foi redefinido: a frase Ser a Primeira para Todos passou a orientar todas as nossas ações. Ser a Primeira para Todos é o que, de fato, nos define. E reforçamos esse posicionamento oferecendo os melhores serviços e produtos pelo mais baixo custo. Sabemos que, com o nosso jeito de ser e de fazer, atendemos aos extremos da melhor forma: os clientes que viajam frequentemente e buscam o máximo de conforto; os que viajam a lazer e querem desfrutar de uma ocasião especial e até aqueles que apenas nutrem o sonho de voar pela primeira vez. A lista do que nos faz estar em primeiro lugar é vasta.

Quero pontuar que todas as conquistas foram pautadas por valores que sustentam a nossa essência. A segurança é inegociável: garantimos a pontualidade sem deixar de cumprir todos os procedimentos e normas de segurança. Maximizamos nosso baixo custo quando democratizamos a viagem aérea no Brasil. Somos um Time de Águias quando, mesmo em um momento de crise, ampliamos nossa participação no mercado nacional. Investimos na inteligência quando decidimos ser a primeira companhia aérea a vender passagens pela internet e implementar o *selfie* check-in. E asseguramos o valor de servir quando nos tornamos uma lembrança positiva na mente dos nossos clientes.

Ainda assim, para completar tudo o que conseguimos tendo como base os nossos valores, reforço que somos uma companhia que também abraça a diversidade, pois quando falamos em Ser para Todos devemos pensar em todos os perfis de pessoas. Nesse quesito, também nos destacamos quando, por exemplo, nos tornamos a primeira companhia aérea do mundo a oferecer atendimento para deficientes auditivos.

Depois de quase três anos, envolvemos todos os colaboradores da Gol, os da terra e os do ar. Num momento desses, a organização pulsa e vive os valores que foram definidos conjuntamente. Como um dínamo capaz de mover, com muita energia, todas as engrenagens da empresa na mesma direção, alcançamos por meio desse processo um novo patamar de integração das equipes — experimentado somente nos primeiros anos de operação da organização, quando as dimensões reduzidas, em comparação às da Gol de hoje, a tornavam menos complexa. Essa dinâmica também é muito importante para o aprimoramento da liderança. Todos nós temos aprendido e nos desenvolvido muito na busca por uma organização fluente em processos transversais. Consolidou-se a cultura de apreço pelo feedback estruturado, com muita ênfase nos pontos de desenvolvimento — um processo que, acredito, tem sido diretamente influenciado pela forma como o time dirigente se mostra aberto às críticas objetivas.

Isso tudo nos deu condições para lançar a GOLlabs, uma incubadora de projetos digitais da Gol que tem o objetivo de criar e testar soluções inovadoras, alcançando níveis mais elevados de satisfação e simplicidade na experiência do nosso cliente, além de promover com vigor o programa de expansão internacional. Apesar de já voarmos para a América Latina, novos destinos estão sendo planejados para a América Central, o Caribe e a América do Sul.

Toda essa jornada da cultura possibilitou que os vice-presidentes, os diretores executivos e eu ficássemos mais integrados. Capturamos a complementaridade entre nós. As decisões na Gol são tomadas em forma de colegiado bastante ágil. Avançamos muito no desafio de que elas cheguem para toda a companhia. É chocante que, em muitas organizações, quem executa não tenha a menor ideia do que a direção da empresa quer fazer. À medida que fui progredindo na carreira, pude ver que minha ideia de prioridade para a empresa não era a mesma da cúpula. Para evitar que isso acontecesse na Gol, tornei-me obcecado por comunicação. Ela e a cultura têm de andar juntas. Invisto uma significativa parte do meu tempo nesse processo.

Fazemos uma reunião semanal, que dura cerca de três horas, todas as segundas-feiras à tarde, com 27 líderes de áreas diferentes. Participam comandantes, gerenciadores de voo, engenheiros, chefes de manutenção, pessoas do departamento financeiro, administrativo, de marketing, entre outros. O objetivo é garantir que haja alinhamento pleno de informação sobre o que está acontecendo na empresa, quais são os resultados, o plano e as metas. Uma vez por mês essa reunião é dedicada exclusivamente à avaliação dos resultados e à discussão do que vem pela frente.

Na terça-feira de manhã, a agenda da empresa inteira é bloqueada para uma única finalidade: esses 27 líderes se reúnem com suas equipes para contar o que foi discutido no dia anterior e tirar dúvidas. Ainda na terça-feira, no fim do dia, é enviado para todos os funcionários um boletim chamado *Radar do Presidente*, em que falo sobre os assuntos que tratamos na reunião de liderança do dia anterior. Além disso, na parte superior do boletim há uma espécie de painel com o valor da ação da empresa naquele dia, o preço do barril de petróleo e a cotação do dólar. Serve para conscientizar as pessoas de que a companhia é diretamente influenciada por esses fatores externos. Na quarta-feira, são realizadas as reuniões dos comitês, como os de receita e clientes. Na quinta e na sexta, a agenda é livre de compromissos fixos, a fim de permitir aos executivos um foco ainda maior na execução dos temas de suas respectivas áreas. É quando, sem sermos tragados por reuniões, realizamos o que planejamos.

Personalização em massa

A experiência é algo muito valorizado no setor aéreo. As promoções, na tripulação, acontecem por tempo de casa e senioridade, não apenas por meritocracia. Temos 4500 tripulantes — 1500 pilotos e 3 mil comissários —, e a maioria tem mais tempo de carreira que de Gol, porque veio de outras empresas. Essas pessoas têm uma capacidade de leitura de comportamento diferenciada, porque cada uma delas já transportou milhões de pessoas em diversas situações. Sabem quem está tenso, quem está a ponto de explodir, quem está tranquilo, quem está de alguma maneira entorpecido. Transportamos 34 milhões de clientes por ano. Arredondando-se os números, são 100 mil clientes por dia.

Nosso desafio é oferecer atendimento personalizado em um ambiente que, no geral, se caracteriza como massificado. É proporcionar ao nosso cliente que viaja a negócios e gosta do silêncio, porque quer descansar ou trabalhar, a mesma experiência daquele que viaja a turismo e quer ouvir tudo a respeito do voo, desde a temperatura externa da aeronave até as cidades por onde ela passa. Por isso investimos em tecnologia — com nossas opções de wi-fi e TV ao vivo — tanto quanto em pessoas, em uma equipe de alta performance, atenciosa e que tem em mente que, além de pessoas, transportamos histórias.

11. Paulo Veras

FUNDADOR E EX-PRESIDENTE DO APLICATIVO DE TRANSPORTES 99

Empreendedor desde a faculdade, Paulo Veras fundou em 2012, com outros dois sócios, a empresa de aplicativos de transporte 99 — um dos maiores casos de sucesso do mundo brasileiro de startups. A 99 foi avaliada em 1 bilhão de dólares em 2018, quando foi vendida para a concorrente chinesa DiDi. Antes da 99, Veras foi dono de outras startups — algumas deram certo, outras não. Logo que se formou em engenharia mecatrônica na Universidade de São Paulo, em 1994, criou o Guia SP, um dos primeiros sites brasileiros, que reunia a programação cultural da capital paulistana e foi vendido para o portal StarMedia. Um dos negócios que deram errado foi o site de compras coletivas Imperdível. De 2004 a 2008, ele foi diretor-geral da Endeavor no Brasil, conhecida ONG de apoio ao empreendedorismo de alto impacto. Quando a 99 foi vendida, Veras deixou a empresa e passou a se preparar para sua próxima empreitada. Tem 45 anos.

As tentativas — e os tombos — antes do sucesso

Sou formado em engenharia mecatrônica pela Poli[1] e quis empreender desde sempre. Acho que sou um CEO um pouco diferente, porque comandei negócios que eu mesmo criei. Ao sair da Poli, em 1994, já comecei a trabalhar com internet. Fiz uma das primeiras empresas que desenvolviam sites de sistemas de e-commerce no Brasil, chamada Tesla. Éramos quatro sócios, cada um deu uns mil reais para comprar computadores e trabalhávamos de casa. Mas foi um pouco antes da hora, porque a maioria das empresas nem sabia o que era internet, então não tinha interesse em criar site. Vendemos uma parte da empresa para o banco JP Morgan, em 2000, mas o negócio não evoluiu como esperado, eu saí e mais tarde o banco saiu também. Depois de uns anos, a Tesla acabou se acertando. É uma das únicas startups que foram fundadas nos anos 1990 e ainda existem — reposicionada como agência digital, passou a se chamar Today.

Junto com a Tesla, lancei, com os mesmos quatro sócios, o Guia SP, um site que, durante anos, era o único com informações on-line sobre restaurantes, cinemas e programação cultural da cidade. O Guia SP foi para o ar em fevereiro de 1996, tornando-se um dos primeiros sites brasileiros. Nós o vendemos para o portal StarMedia, que chegou a ser um dos maiores do mundo e, quando a bolha da internet estourou, virou pó.[2] Depois disso, fiz um MBA na escola de negócios Insead, na França. Voltei para o Brasil no fim de 2001, e estava uma crise braba, especialmente no segmento de internet, porque a bolha havia acabado de estourar. Resolvi passar um ano viajando para esperar as coisas melhorarem. Era o ano de 2002, então aproveitei para assistir à Copa do Mundo no Japão e na Coreia do Sul. Dei tanta sorte que consegui ver o Brasil ser campeão em Tóquio.

---

1 Escola Politécnica, da Universidade de São Paulo.

2 Portal de internet fundado em 1996, voltado para usuários latino-americanos. Abriu capital em 1999 e se tornou um dos maiores portais do mundo. Quando a bolha das *pontocom* estourou, a StarMedia perdeu boa parte de seu valor de mercado e quebrou pouco depois.

Retornei ao Brasil em 2003, trabalhei um tempo numa consultoria de gestão chamada Gradus e apareceu uma oportunidade muito especial, que mudou minha vida: tocar a Endeavor, uma ONG que apoia o empreendedorismo. Fui CEO da Endeavor por quatro anos. Uma das minhas atribuições era trabalhar com a mídia e as universidades e tentar orientar o país para esse caminho, para essa opção de vida e de carreira. O objetivo era trabalhar a cabeça das pessoas, porque uma das metas da Endeavor é mudar a cultura do país, para que ela seja mais empreendedora. Faz parte desse processo ter mais histórias de empreendedores para contar. Naquela época, havia poucos exemplos recentes de empreendedores de sucesso no Brasil. Então era difícil chegar para um jovem e dizer: "Olha que legal, você pode ser o próximo Jorge Paulo Lemann, Abílio Diniz, Jorge Gerdau". O cara falava: "Não, eu não posso. Esses caras já são bilionários". Precisávamos ter histórias mais próximas da realidade dos jovens para poder dizer: "Esse cara estava sentado na Endeavor há cinco anos e hoje é dono de um unicórnio".[3] Outra parte do trabalho se assemelhava à de um fundo que investe em startups: envolvia encontrar projetos com potencial de crescimento e apoiá-los.

Nesse período, eu vi muita coisa legal de empreendedorismo que estava acontecendo no Brasil e, ao mesmo tempo, tinha contato com alguns dos empresários mais bem-sucedidos do país. Eles já estavam ajudando esses empreendedores, dando mentoria.[4] Um aprendizado que tive na Endeavor foi o de como é importante ter pessoas excepcionais trabalhando com você. É uma coisa que todo mundo fala, parece óbvia, mas quase ninguém pratica. Na minha opinião, o grande talento do pessoal do 3G, o fundo comandado por Jorge Paulo Lemann, Beto Sicupira e Marcel Telles, é conseguir montar e manter uma equipe excepcional. Pessoalmente, foi uma experiência

3 Como são chamadas as startups que passam a valer mais de 1 bilhão de dólares.

4 Fizeram parte do conselho da Endeavor empresários como Jorge Paulo Lemann, Beto Sicupira, Laércio Cosentino, Pedro Passos, Peter Graber e Romero Rodrigues, além de Fábio Barbosa (autor do prefácio deste livro).

fantástica porque, até então, eu tinha poucas referências, só havia feito empresas pequenas. Depois da Endeavor, me senti mais preparado para criar algo grande. O Jorge Paulo sempre diz que pensar pequeno e pensar grande dá o mesmo trabalho. Então resolvi partir para algo grande — e tomei um tombo.

Em 2010, criei um site de compras coletivas, o Imperdível, no auge dessa febre no Brasil. Começou a funcionar em maio daquele ano. Em outubro, havíamos vendido 3 milhões de reais em cupons e obtido um lucro líquido de 500 mil reais. Pensei: "Esse é o melhor negócio do mundo". Tinha cem funcionários e a empresa crescia vertiginosamente. Estava tão animado que não percebi que o modelo de negócio era ruim. Esse crescimento estava sendo gerado por clientes novos, que queriam testar, ter uma experiência diferente. Mas não estávamos fidelizando essas pessoas, ou seja, depois de poucas compras, ou de apenas uma, elas nunca mais voltavam. Passada a animação inicial, veio a decadência, e a empresa começou a ir muito mal. Saí no começo de 2011 e o site fechou menos de dois anos depois. Esse erro me mostrou a importância de ter a recorrência do cliente, o que me ajudou bastante na minha principal empreitada, que foi a 99.

Menos ordem, mais progresso

A 99 foi fundada em 2012 por mim e outros dois sócios, o Ariel Lambrecht e o Renato Freitas. Na época, se chamava 99 Táxis. A ideia da empresa não foi minha. No começo de 2012, o Ariel viajou de férias para a Alemanha e viu que muita gente usava um aplicativo chamado MyTaxi para pedir táxi. Ele pensou: "Ninguém conhecia isso há poucos meses e agora já virou uma febre. Deve ser um negócio interessante". Saiu da Alemanha, foi para a Inglaterra e viu a mesma coisa: um aplicativo de táxi chamado Hailo estava crescendo assustadoramente, sem investir em propaganda. O Ariel, que já era sócio do Renato em outro negócio, a Ebah, uma rede social de compartilhamento de conteúdo acadêmico, ligou para ele e disse: "Temos de lançar um serviço assim no Brasil". Eu havia conhecido os dois em um evento da Endeavor, quando eles foram apresentar a Ebah. Gostei muito deles e ficamos próximos. Quando eles resolveram fazer a 99, me chamaram. O Ariel e o Renato é que decidiram o nome. Pelo que me contaram, eles passaram por uma infinidade de opções, várias que eram legais, mas já tinham o domínio registrado. Uma ou outra das legais era em inglês, e eles não queriam nessa língua. Até que um deles sugeriu 100 Taxis. Aí o outro disse: "Mas é horroroso, como vou chamar um aplicativo que é 'Sem Táxi'?". Piada pronta. Aí ficou 99.

Tínhamos perfis complementares. O Renato é um cara incrível de tecnologia: ele fez a programação e criou o aplicativo. Nunca tinha programado para iPhone na vida, mas fez tudo em três dias. É uma daquelas cabeças raras. No Brasil, muita gente de negócios resolve criar aplicativos, então precisa chamar um fornecedor que entenda de tecnologia e depender dele. Se atrasar a entrega, paciência. Se precisar consertar, entra na fila. Nós tínhamos o Renato, o que era uma grande vantagem. O Ariel havia trabalhado muitos anos no Google e é muito bom em produto, em pensar na experiência de usuário. No começo, quando estávamos fazendo o aplicativo do motorista, que é um pouco mais complexo que o do passageiro, alguém sugeriu fazer um tutorial. O Ariel rebateu: "Se tivermos de fazer um manual de instruções, significa que erramos. O produto tem que ser tão fácil de usar que não precise ter instruções". Eu já havia criado várias empresas, tinha vendido, lidado com investidores, então tinha a experiência empresarial que faltava a eles. Por isso, desde o começo, eu fui o CEO.

A complementaridade de perfis é muito rica para o negócio. Mas os valores precisam ser os mesmos. É essa a combinação que funciona. No grupo de fundadores e no de pessoas que passam a trabalhar na empresa, quanto mais diversidade — branco, negro, rico, pobre, gente que se formou em faculdade, gente que se formou na escola da vida — melhor, porque enriquece a discussão. Mas não dá para ter diversidade nos valores.

O estilo de decisão que tínhamos na 99 era bem diferente do que vemos, geralmente, numa empresa tradicional. Seguíamos muitos dos preceitos do livro *A startup enxuta*.[5] Em resumo, o livro diz o seguinte: tem muita coisa que você só vai descobrir fazendo, então você deve gastar menos tempo planejando para tomar decisões e mais tempo testando para ver o que funciona. Dessa maneira, você toma um número maior de decisões, mas se prepara menos para elas. É preciso ter a cabeça aberta para reconhecer o que está funcionando e o que não está, e ter humildade para admitir os erros e ajustar a rota. Isso permite que uma startup de tecnologia se mova bem rápido. No mundo da tecnologia, que muda demais, em muitos casos é mais importante decidir rápido do que decidir da maneira correta. Se você fica muito preocupado, achando que a decisão tem que estar superfundamentada, estudada, cria uma paralisia.

Tenho um exemplo que ilustra isso. Em 2013, a 99 conseguiu levantar 3 milhões de reais, principalmente com o fundo Monashees, pioneiro em *venture capital* no Brasil. Não era pouco para o nosso padrão, mas nosso maior concorrente na época, a Easy Taxi, já havia captado dezenas de milhões de reais. Ou seja, a briga estava bastante desproporcional e nós tínhamos de tentar fazer muito com pouco. Resolvemos contratar um gerente de expansão, o Juliano Fatio. Ele havia viajado por dois anos para conhecer o mundo. Acabara de chegar ao Brasil e mandou um e-mail para a gente, dizendo que havia adorado a 99 e queria conversar. Achei que ele tinha o perfil de que precisávamos: um caixeiro-viajante, com muita desenvoltura, que conseguiria viajar o Brasil, conversar com um monte de motoristas e ir abrindo mercado para a 99 em diferentes locais. A meta dele era abrir dez cidades em três meses. Gastamos um minuto para decidir quais cidades, eram as óbvias: Rio de Janeiro, Belo Horizonte, Porto Alegre, Recife, Salvador, Fortaleza... Aí ele perguntou em qual ordem deveria fazer. Eu respondi: onde você tem amigos e contatos que podem ajudar no trabalho? Ele achou que eu estava brincando, mas era sério. O melhor é começar por onde é mais fácil. Não fazia a menor diferença começar em Recife, Salvador ou Porto Alegre. Mas, em três meses, tínhamos de estar nas

5 Eric Ries, *A startup enxuta*. São Paulo: Leya, 2012.

dez cidades. E assim foi, cumprimos a meta. Enquanto isso, alguns concorrentes gastavam semanas planejando a expansão.

Ordem e progresso só existem juntos em um lugar, a bandeira do Brasil. Na prática, se você quer ordem, abdica do progresso, porque ela engessa um monte de coisas. A empresa ordeira demais pode ser muito eficiente, mas cria pouco e cresce muito lentamente. Para progredir rápido, é preciso ter alguma desordem, algum nível de caos. Monitoramos para não exagerar. Quando eu estava na 99, via as pessoas fazendo coisas que pareciam impossíveis. Nas reuniões de meta, não havia aquele joguinho de tentar puxar para baixo. Todo mundo tentava chutar a barra lá em cima e correr atrás para chegar lá.

Acho que as empresas gastam tempo demais com PowerPoint e reunião. Em vez disso, deveriam estar fazendo as coisas. É claro que é mais fácil atuar assim, de maneira ágil, numa empresa pequena. O desafio é manter essa cabeça quando a empresa cresce. Ajuda pensar assim: se algo está claro, vamos eliminar a discussão e fazer. Também é importante tirar o medo das pessoas. Cometer erros novos faz parte do processo. O que precisamos evitar são os erros óbvios, além dos que já foram cometidos. Vida de startup é correr riscos o tempo inteiro, por isso não punimos os erros que foram tentativas legítimas e embasadas. Numa época, o Juliano me convenceu a fazer um piloto da 99 em Portugal. Sabíamos que era um mercado pequeno, mas ele argumentou que haveria aprendizado e, se desse certo, poderíamos levar a empresa a outros países da Europa. Concordamos, mas acabou ficando um negócio pequeno demais, que não se pagava. Depois de um ano, resolvemos encerrar. Só que não encaramos isso como uma decisão errada. Usamos pouco capital e achamos que valeu o teste. Realmente, teve muito aprendizado. O erro ruim é aquele que não ensina nada.

O susto do Uber e o padrão chinês de velocidade

No início de 2015, ainda éramos bem menores que a Easy, mas conseguimos captar 40 milhões de dólares — 15 milhões em janeiro e o restante em junho.[6] Tivemos um ano fantástico. Montamos um plano de negócio bem mais acelerado e ampliamos a equipe. Estávamos em tudo que é canto, patrocinando time de futebol, em outdoors, comerciais na Globo e na TV fechada. Deu certo e terminamos o ano com a certeza de que havíamos ganhado a briga no táxi. A Easy Taxi nunca mais voltaria a nos incomodar. O problema é que, em 2016, o jogo mudou de campo. Tínhamos de competir com o Uber pelo transporte de passageiros, e não no segmento de táxis. Logo ficou claro que teríamos de lançar uma categoria para concorrer com o Uber, mas havíamos gastado quase todo o dinheiro na briga do táxi. Ficamos um bom tempo tentando captar mais recursos, mas só conseguimos em 2017, após dezoito meses de esforço.

Para completar o drama, o caixa que a 99 gerava não cobria os custos da empresa, que tinha crescido muito. Mesmo reduzindo o investimento na aquisição de novos passageiros, a conta não fechava. Vimos que a empresa precisava de uma mudança de fundamentos. Mapeamos todos os caminhos que achamos viáveis para atingir o *breakeven*, o equilíbrio entre receitas e despesas. Naquela época, só cobrávamos comissão sobre as corridas que eram pagas por meio do aplicativo, e elas eram minoria — representavam cerca de um terço do total. Nas demais corridas, não ganhávamos um centavo. Em 45 dias, criamos um sistema com o qual passamos a cobrar comissão em todas as corridas, o que era um modelo justo. O maior problema nem foi convencer os motoristas, que entendiam nosso valor e estavam dispostos a pagar. A dificuldade foi criar um sistema que permitisse reter um valor de corridas cujo pagamento não passava pela nossa plataforma. Criamos um sistema de conta-corrente com os motoristas, que deu um baita trabalho, mas acabou resolvendo outro problema que tínhamos, que era o pagamento deles. No começo, transferíamos dinheiro para a conta de cada um em bancos diferentes, o que era caro e trabalhoso. Mudamos para um modelo de cartão pré-pago, em que o motorista recebe seus créditos

6 Os recursos foram captados com os fundos Monashees, Qualcomm Ventures e Tiger Global, entre outros.

de forma quase instantânea, logo após a corrida. Foi uma revolução, que envolveu todas as áreas da empresa — financeira, de atendimento, marketing, tecnologia. E fizemos tudo em 45 dias. Em 2017, a taxa paga pelo motorista, em todas as situações, variava de 15% a 17% do preço da corrida — o valor é maior quando a conta é paga com cartão de crédito.

Depois que equilibramos a empresa, finalmente conseguimos captar dinheiro para voltar a investir e crescer. Entre janeiro e maio de 2017, levantamos um total de 200 milhões de dólares, em uma rodada com o Softbank, o fundo Riverwood Capital e a DiDi, de origem chinesa, que é uma das maiores empresas de aplicativos de transporte do mundo.[7] Foi o maior aporte de *venture capital* já realizado no Brasil. Quando conseguimos captar, o plano era expandir nosso serviço de carros particulares pelo país inteiro e brigar com o Uber. Muitos taxistas que estavam com a gente, claro, ficaram bem bravos. Eles já estavam sofrendo com a concorrência do Uber nas ruas, e passariam a enfrentá-la também no aplicativo. Mas precisávamos fazer isso, porque era o serviço que os passageiros queriam usar. Não dava para ignorar, fingir que nada havia mudado. Se não fizéssemos, iríamos sumir do mapa. Tomada essa decisão, fomos muito transparentes com os motoristas, explicamos qual era a nossa intenção. Fizemos diversas reuniões com eles e os sindicatos para ouvir suas preocupações e responder a perguntas. Mostramos que a DiDi havia feito o mesmo movimento, e isso acabou aumentando o tráfego no aplicativo, o que favoreceu também o táxi. Isso aconteceu na 99. Se o aplicativo tem todas as opções, não há por que o cliente procurar outro. E, muitas vezes, o táxi é a melhor proposta — nos horários de trânsito pesado em São Paulo, por exemplo, eles usam os corredores de ônibus e facilitam a vida do passageiro. A grande maioria dos motoristas entendeu e ficou com a gente, mas alguns saíram, se sentiram traídos. Foi um processo bastante trabalhoso e complicado, mas tenho convicção de que fizemos do jeito certo.

7 Em 2017, a DiDi foi avaliada em 56 bilhões de dólares. Além da 99, é sócia do Uber e de outros aplicativos de transporte ao redor do mundo.

Com esses recursos, voltamos a crescer 30% ao mês. Retornamos ao jogo. Em janeiro de 2018, a DiDi comprou o controle da 99 no Brasil. Trabalhar com essa empresa é ao mesmo tempo muito empolgante e assustador. Como quase tudo que vem da China, o porte da DiDi impressiona. Em 2017, eles faziam mais ou menos 20 milhões de corridas de carro por dia, enquanto o Uber fazia 7 milhões no mundo todo. Como eles ganharam do Uber na China, buscamos a ajuda deles para vencer o Uber no Brasil. Passamos a ter intercâmbio em todas as áreas. Ao ter um contato mais frequente com os chineses, vi que a relação deles com o trabalho é bem diferente da nossa. A maioria vive para trabalhar. Não interessa se tem família. No escritório da DiDi, dava dezenove horas e chegava um caminhão para entregar umas 5 mil marmitex. Os funcionários jantavam e voltavam para o terceiro turno. É algo normal. Nos primeiros dez anos de vida profissional, muitos deles têm uma semana de férias por ano. Feriado prolongado, em geral, só um por ano. Para nós, brasileiros, é difícil se adaptar a isso. Por outro lado, há traços na cultura deles que são ótimos para o negócio. Eles olham para a frente e tiram tudo que é barreira. Para o chinês, não existe "eu vou te explicar por que não dá", ele tem de fazer dar. Já o brasileiro, em geral, gosta de arrumar desculpas. O Beto Sicupira, que foi meu chefe na Endeavor, costumava falar que o bem-feito é muito melhor do que o bem explicado. Os chineses pensam assim.

Até 2017, para fazer planejamento estratégico, usávamos um modelo chamado OKR, sigla de Objectives and Key Results. É o mesmo utilizado por Google, LinkedIn e diversas empresas de alto crescimento. O nome é pomposo, mas o sistema é simples. Ele define grandes metas para a empresa a cada trimestre e, depois, desdobra essas metas por área. O início do trabalho é *top down*, ou seja, definido pela cúpula. Mas, nas áreas, o processo é bastante participativo, porque incorpora as sugestões das equipes. Depois disso, vêm a execução e o acompanhamento, que é semanal. Em geral, as grandes companhias, de setores mais tradicionais, fazem esse planejamento anualmente, com acompanhamento mensal. Nós fazíamos o planejamento a cada trimestre, com acompanhamento semanal.

Numa empresa que se quer inovadora, os *check points* devem ser mais curtos. O longo prazo é sempre imprevisível e o grau de incerteza varia de acordo com o negócio. É pouco provável que o mercado de biscoitos se transforme por completo em dez anos. Pode ter mudanças, uma onda mais saudável, mas as pessoas continuarão comendo biscoitos. Os aplicativos de transporte não existiam em nenhum lugar há dez anos, e os líderes desse segmento estão sempre mudando. Para permanecer no mercado, temos de compreender as novidades rapidamente e agir. Usando esse modelo OKR, considerávamo-nos superágeis. Até que os chineses chegaram e introduziram um novo padrão de velocidade. Eles fazem planejamento semanal e acompanhamentos diários. Se, de manhã, eles ficam abaixo do alvo, fazem uma reunião na hora do almoço para tentar algo diferente à tarde. É estressante e difícil de lidar, mas me leva a crer que a China vai dominar o mundo. Os chineses têm um viés de execução impressionante.

"Não podíamos contratar ninguém com mais de trinta anos"

Uma das coisas de que mais me orgulho na 99 é o nível de engajamento das pessoas. Em 2016, naquele período bastante difícil, reunimos a equipe, explicamos os desafios e todo mundo se esforçou demais para resolver a situação, sem nenhuma promessa de ganho. Foi incrível. Às vezes, me perguntam o que eu fiz para as pessoas vestirem a camisa da empresa. Eu respondo: "Se eu tiver que fazer alguém vestir alguma coisa, já não funcionou, porque cada um aqui escolhe o que vai vestir". A motivação precisa ser intrínseca, as pessoas têm de acreditar no propósito da companhia — no caso da 99, melhorar a mobilidade urbana e, por consequência, a vida da população. Também acho importante dar autonomia. Nosso modelo era contratar os líderes certos, que formavam suas equipes, distribuíam as funções e davam espaço para os funcionários cumprirem o combinado. Buscávamos gente que tivesse esse senso de responsabilidade, que não precisasse ficar sendo cobrada dia a dia. Nesse sistema, a cultura é uma pedra fundamental. Como as pessoas têm autonomia, o que norteia as decisões e a atuação é a noção clara de qual é a cultura da empresa. Se não, vira cada um por si, um bando de malucos fazendo o que quer. Mesmo descentralizado, o processo precisa ter consistência e coerência. É possível que o grau de autonomia mude com os chineses, porque o sistema deles é mais hierárquico. É preciso esperar para ver como vai funcionar.

Mas levei um tempo até acertar o sistema de gestão de pessoas. No começo da vida de empreendedor, foi nesse campo que cometi meus maiores erros. Achava que era um ótimo chefe, porque era bem-intencionado, mas não conseguia transformar a intenção em realidade. Sempre pensei em criar um lugar ideal para as pessoas trabalharem, só que me faltavam referências e conhecimento para fazer isso. Na Tesla, quando tinha uns 23 anos, na primeira vez em que um funcionário veio pedir demissão, entrei em desespero. Como assim, aquela pessoa não queria trabalhar comigo? Senti que estava levando um fora. Na 99, mais experiente, resolvi, junto com meus sócios, mudar os critérios pelos quais eu selecionava as pessoas. O senso comum diz que é importante você trazer as pessoas pelo que elas conhecem. Mas aprendi na Endeavor que isso em geral vale muito pouco, porque pessoas boas aprendem rápido. Então parei de contratar por conhecimento e passei a fazer isso analisando o potencial e a dedicação. Quem é dedicado e talentoso consegue aprender praticamente qualquer coisa. Comecei a procurar pessoas muito mais pelo brilho no olho, pelo alinhamento de propósitos e objetivos — e a partir disso aprenderíamos juntos. Além disso, no mundo da tecnologia, que muda muito rápido, o que alguém sabe hoje pode valer zero amanhã. Então não adianta se prender muito ao conhecimento. Gosto muito de uma frase do Fábio Barbosa, que foi presidente dos bancos Real e Santander e conselheiro da Endeavor: "Contratamos o profissional, mas a pessoa vem junto".

Capacidade técnica existe, o Brasil tem boas escolas. Mas é fundamental avaliar comportamento. Muitos jovens desistem fácil hoje. É claro que existem exceções, mas grande parte, quando encontra um obstáculo mais difícil, resolve fazer outra coisa. Pego vários currículos de pessoas com 25 anos que passaram por cinco empresas diferentes. Dificilmente contrato essas pessoas, porque, se tudo der certo, elas vão ficar um ano na empresa. Se algo der errado, vão ficar duas semanas. Tivemos casos assim na 99. As pessoas precisam aguentar levar pancada, receber desafios e persistir para resolver. Acredito que crescemos muito nas adversidades. Quem não as enfrenta, perde uma oportunidade gigantesca de amadurecer. Alguns pensam que, pelo fato de terem se formado numa boa faculdade, merecem começar como gerentes. Não querem fazer o esforço, querem simplesmente receber.

Ainda assim, ter jovens na empresa é essencial. No início da 99, baixei uma regra que não podíamos contratar ninguém com mais de trinta anos. Quando a empresa cresceu, abri algumas exceções, mas a regra geral continuou. O motivo tem a ver com o perfil da empreitada. Precisávamos de gente que quisesse fazer o negócio crescer a qualquer custo, sem medo de arriscar e errar — e jovens que não viram muita coisa dar errado têm, naturalmente, mais disposição para isso. Pessoas mais velhas são excelentes para empresas que precisam organizar a casa, ter processos. Não era o nosso caso. Estávamos resolvendo problemas que ninguém tinha encarado antes, não existiam profissionais com essas experiências. O desafio era que, para atrair esse jovem ambicioso, não podíamos parar de crescer. É um tipo de pessoa que não lida bem com um período mais longo de estagnação, por exemplo. Se os sócios resolvessem dar uma parada na 99 para estabilizar a companhia e segurar a posição, ia sair todo mundo. É esse o sistema da Ambev: a companhia precisa continuar crescendo, seja organicamente, seja via aquisições, a fim de criar oportunidades para os talentos.

O sistema de remuneração estava alinhado com essa estratégia. Os salários de quem entrava na 99 eram mais baixos que a média de mercado, mas a progressão de quem dava certo era rápida. Um caso comum era contratarmos alguém que estava ganhando 6 mil reais no emprego que tinha. Oferecíamos 4 mil reais na largada, mas, depois de dois anos, a pessoa poderia estar ganhando 15 mil reais. Numa companhia tradicional, leva uns dez anos para sair de um salário de 4 mil para um de 15 mil reais. Não é comum ter bônus em startup porque, em geral, uma empresa desse tipo não dá lucro nos primeiros anos. Distribuíamos *stock options*, que são opções de ações que podem valer muito dinheiro se a empresa abrir capital ou for vendida. O modelo é construir valor e apostar no sucesso futuro. Após a compra pela DiDi, eu, o Ariel e o Renato vendemos nossas ações. Todos os investidores tiveram excelente retorno financeiro. Além disso, 25 funcionários, que criaram a empresa com a gente, também puderam vender parte de suas ações. Foi incrível ter a chance de premiar essas pessoas pelo esforço e pelo resultado conquistado. Poucas startups no Brasil conseguiram ajudar diversos funcionários a construir um patrimônio em pouco tempo.

Em 2017, tínhamos aproximadamente setecentos funcionários e cerca de um terço deles estava no *call center*. Muita gente se surpreende com o tamanho dessa área, pois funcionamos via aplicativo, mas ela serve sobretudo para atender os motoristas. É esse pessoal que checa toda a documentação dos motoristas e tira dúvidas sobre pagamento. Outra equipe grande, de mais ou menos cem pessoas, era a de operações, responsável por recrutar e treinar os motoristas. Em tecnologia, tínhamos umas oitenta pessoas. E em torno de dez pessoas só para fazer recrutamento, porque estávamos crescendo muito rápido.

O problema da regulamentação

Em 2015, achamos que a empresa estava grande demais para o estilo de gestão que tínhamos. Quando cabe todo mundo numa sala, funciona mais fácil. Não precisa de reunião de alinhamento, as pessoas simplesmente se falam. Mas, quando passamos a ter cem pessoas, entendemos que precisávamos escrever nossos valores e comunicá-los com mais consistência. Então saímos perguntando para os funcionários quais eram os valores da 99 na opinião deles, juntamos tudo, pegamos os dez que mais apareciam e colocamos na parede. As pessoas escreveram ao lado, assinaram, inseriram frases como "esses valores me representam". Foi um processo muito bacana. A lista era a seguinte:

- Seja genuinamente preocupado com as pessoas.
- Cause a maior diferença no mundo.
- Trabalhe com paixão e diversão.
- Faça mais com menos.
- Desenvolva você e os outros.
- Questione padrões.
- Seja você mesmo.
- Todos no mesmo barco.
- Seja transparente.
- Seguimos sempre as regras do jogo.

Esse último valor funcionou bem durante um tempo, mas depois tivemos de mudar. Virou "Faça a coisa certa". Isso porque, em um dado momento, percebemos que tínhamos de atuar junto ao poder público para melhorar as leis que regulavam o transporte de passageiros, porque elas eram muito ultrapassadas. A legislação limitava o número de táxis em São Paulo a 34 mil, por exemplo. Por quê? Ninguém sabia. Em algumas cidades, queriam enquadrar a 99 como radiotáxi, o que nos obrigaria a especificar a frequência de rádio que deveríamos utilizar. E não adiantava explicar que eram dados do celular via 3G, e que não havia rádio em lugar algum. Resolvemos que, se queríamos ser uma empresa inovadora de verdade, nosso papel não podia se limitar a seguir a lei passivamente. Tínhamos de respeitar a lei, claro, mas também agir de modo proativo para melhorar o sistema. Assim, mudamos a postura, ficamos mais propositivos. Como consequência, decidimos montar uma área de relações com o governo, e oferecemos o comando dessa área a um advogado que nunca tinha trabalhado com isso, o Matheus Moraes, que havíamos contratado um ano antes. Ele era diretor jurídico e passou a acumular as duas funções. Como as referências brasileiras, nesse campo, eram péssimas, achamos que precisávamos de alguém que não soubesse fazer, para fazer diferente. Ele topou.

Por meio dos nossos investidores, conversamos com o chefe mundial dessa área no Airbnb, aplicativo global de hospedagem. Ele contou como atuava e ajudou a definir nossa postura. O trabalho básico consiste em conhecer as pessoas envolvidas na regulamentação do setor, mostrar o que fazemos, como funciona esse mercado no resto do mundo, como é a legislação, o que os clientes e os motoristas querem. É um trabalho de educação para tentar melhorar as leis, não acabar com elas. É óbvio que precisa ter regulamentação. Ninguém quer entrar em um carro que chamou por aplicativo totalmente no escuro. Todo mundo quer ter um mínimo de segurança, saber que o motorista foi avaliado por alguém, que o carro tem condições de circular. O sistema de táxis no Brasil tem isso e é bastante seguro — para o passageiro, pelo menos, já que os motoristas, muitas vezes, acabam sendo assaltados, mas aí é um problema de segurança pública. O sistema funciona no caso do passageiro porque o poder público fiscaliza direito, pede documentação, acompanha. O problema é quando o poder público exagera na dose e decide, por exemplo, fixar preço ou definir arbitrariamente o número de carros que podem circular.

Tivemos uma vitória importante no fim de 2017. A Câmara dos Deputados havia aprovado um projeto de lei para regular o setor de transporte com carros particulares que continha regras que podiam inviabilizar o serviço — por exemplo, previa que as prefeituras tivessem autonomia para barrar o serviço e impedia os motoristas de dirigir em cidades vizinhas. O projeto ia ser apreciado no Senado e conseguimos dialogar com diversos políticos, incluindo o presidente do Senado, Eunício Oliveira na época, que escutou nossos argumentos. O projeto aprovado foi bastante favorável. Ele estabelece regras importantes, como a necessidade de o motorista apresentar uma certidão de antecedentes criminais e contratar seguros de acidentes pessoais. O governo fez a parte dele, e a partir disso os aplicativos precisam fazer o trabalho deles e prestar um bom serviço.

Praticamente não existe barreira para uma pessoa mudar de aplicativo de transporte. É só instalar o novo aplicativo e chamar um carro. Por isso, é preciso fazer da qualidade um diferencial. A proposta de valor da 99 é ter a solução mais rápida, barata e segura. Se a empresa conseguir ser fiel a essa entrega ao longo do tempo, o cliente vai ficar com a gente para sempre. Não vai ter por que mudar. Em 2016, quando o Uber acelerou com força no Brasil, era previsível que muitos passageiros iam preferir esse aplicativo ao nosso. Era o jeito mais barato de ir do ponto A até o B. Chegava a custar 30% menos que o táxi para o mesmo trajeto. Aí investimos para entrar nesse segmento e tentar fazer melhor. Uma vantagem da 99 é que ela tem um *marketplace* mais completo: o cliente pode escolher um carro particular de luxo, um popular, um táxi, um táxi em promoção. Mas esse jogo da concorrência não acaba nunca. É verdade que é mais difícil para uma empresa iniciante entrar nesse mercado agora, porque já existem companhias consolidadas, com centenas de milhares de motoristas cadastrados, competindo ferozmente. Você chama um carro e ele chega em minutos. Construir isso leva tempo. Mas pode acontecer de algum concorrente já estabelecido criar algo novo. É preciso estar sempre à frente, preparado.

12. Rodrigo Galindo

PRESIDENTE DA EMPRESA DE EDUCAÇÃO KROTON

O mais novo de cinco irmãos, Rodrigo Galindo se mudou de São Paulo para Cuiabá aos treze anos, quando os pais decidiram montar a primeira instituição privada de ensino superior do Mato Grosso, a Universidade de Cuiabá (Unic), no fim da década de 1980. Trabalhou na universidade desde então. Começou na secretaria e passou por todos os departamentos. Formou-se em direito na Unic, fez mestrado na PUC de São Paulo e concluiu uma série de cursos de extensão de curta duração em diferentes instituições. Depois que a concorrente Kroton comprou o Iuni, grupo de educação criado por sua família, em 2010, tornou-se presidente da empresa. Com cerca de 1 milhão de alunos e 26 mil funcionários, a Kroton estava entre as maiores instituições de ensino do mundo em 2018. Galindo tem 42 anos.

Vivendo o sonho do pai

Eu era criança quando meus pais tiveram o sonho de montar a primeira faculdade privada do Mato Grosso. Meu pai era vice-reitor da Unoeste, uma universidade em Presidente Prudente, no interior de São Paulo, mas queria ter um projeto dele, em que tivesse mais autonomia. Para isso, teríamos de nos mudar para Cuiabá. Sabendo que seria difícil para os filhos — somos cinco irmãos e eu sou o mais novo —, meu pai fez uma reunião familiar e pediu a nossa opinião, como sempre fazia em momentos importantes. Ele falou: "Temos uma vida boa aqui e podemos continuar assim. Ou podemos viver o sonho de construir a primeira faculdade privada do Mato Grosso, levando educação para quem não tem, desbravando um estado. Quem quer comprar esse sonho? Quem quer mudar para Cuiabá?". Ele vendeu o sonho de um jeito tão entusiasmado que todo mundo votou sim. Meu pai foi muito hábil, porque conseguiu dar a sensação de que o projeto também era nosso. E foi nosso desde o primeiro momento.

Mudamos e todos fomos trabalhar na criação da Universidade de Cuiabá, a Unic. Eu tinha treze anos e comecei como auxiliar de secretaria. Na época, em 1989, quase não havia computadores na instituição. Então eu datilografava cartas, quadros de horários, ajudava a fazer as pastas com as informações dos alunos, que eram todas em papel. Depois de alguns meses, eu e um dos meus irmãos falamos para o meu pai: "Legal esse negócio de ser empreendedor, também queremos ser". Nossa ideia foi montar um negócio de fotocópias, para atender à própria universidade e também aos alunos — e foi o que fizemos. Para economizarmos, no início nós mesmos tirávamos as cópias. Cobrávamos os alunos na hora e fomos acumulando a conta das fotocópias tiradas para a universidade. Depois de quatro meses, apresentamos a conta da universidade para o meu pai e ele não gostou muito. Achou que era dinheiro demais na mão de crianças. Brincamos que o primeiro calote que recebemos foi pedagógico. Foi uma experiência bacana, porque começou a aguçar essa vontade de empreender, de sonhar com projetos nossos, desde cedo.

Depois da secretaria, fui para a área de recursos humanos, passei por todos os departamentos administrativos da universidade e, em seguida, pelos acadêmicos. Foi um processo de formação no trabalho. Aos dezesseis anos, comecei a assumir cargos de liderança e, aos dezoito, tive meu primeiro cargo de gerência. Resolvi fazer o curso de graduação em direito, na própria Unic, porque achava que era um curso bastante abrangente. Fazia faculdade de manhã e trabalhava à tarde e à noite. Adorava, sempre adorei trabalhar. Logo depois da faculdade, fiz toda a minha formação em gestão fora de Cuiabá. Não queria deixar de trabalhar para fazer um MBA, mas precisava de formação técnica. Assim, recorria a cursos livres de gestão, muitos deles realizados na Fundação Getulio Vargas. Fui fazendo isso ao longo da carreira. Quando decidíamos implementar um plano estratégico, por exemplo, eu ia para São Paulo, fazia um curso de quinze dias de planejamento estratégico e voltava com a teoria para aplicar. Hoje, fala-se muito em microcertificação acadêmica e, intuitivamente, foi o que eu fiz no meu processo de formação. Eu acreditava, já naquela fase da minha vida, que os dois mundos, o acadêmico e o do mercado de trabalho, precisavam ser complementares.

Em 2000, aos 24 anos, senti a falta de uma formação acadêmica na área em que atuava e decidi fazer um mestrado em educação na PUC de São Paulo. O currículo era excepcional e me deu acesso a uma sólida base acadêmica. Até então, eu tinha a vivência e a experiência prática, mas não queria ser um outsider no setor educação. Não queria ser visto como um mantenedor de faculdade, mas como um gestor que era par dos demais gestores acadêmicos. Queria sentar com o coordenador de curso e falar de igual para igual, entender seus problemas.

A necessidade de profissionalizar a empresa

De 1988 até 2004, fomos uma empresa familiar clássica, com todas as suas virtudes e problemas. Meu pai foi e ainda é meu grande exemplo de empreendedorismo. Ele assumia riscos para crescer, e isso me ensinou a ter capacidade para tomar decisões, bancando as consequências. Empreender é um ato de coragem, meu pai me mostrou isso. Com minha mãe aprendi que empreender em educação não é como empreender em qualquer outro segmento. Que existe uma responsabilidade extra quando se assume o compromisso de formar cidadãos. Minha mãe teve um papel muito importante na implantação e no crescimento do grupo. Meu pai era o empreendedor e o administrador, e minha mãe era a alma acadêmica da instituição de ensino. Ela é pedagoga, foi professora, coordenadora e diretora de escola pública em Presidente Prudente e, na Unic, criou toda a estrutura acadêmica. Ambos aplicaram todo o patrimônio pessoal nesse projeto. Vendemos tudo o que tínhamos e morávamos numa casa alugada para poder financiar a expansão da universidade. E sempre honramos todos os nossos compromissos. Pegávamos empréstimos nos bancos, e nunca atrasamos salários nem o pagamento de fornecedores.

Em 2004, havíamos crescido, a empresa já faturava 250 milhões de reais, mas o tamanho da dívida e suas condições eram inadequados. O custo financeiro comprometia toda a rentabilidade. Ficou claro que precisávamos fazer uma mudança relevante na gestão. Em total alinhamento com meu pai, que era o CEO na época, montamos um comitê de profissionalização da empresa, que era formado por três membros da família — eu, Marcelo Galindo, meu irmão, e Abrão Sebe, meu cunhado — e por três diretores que não eram da minha família, mas trabalhavam havia anos na companhia. De 2004 a 2007, aperfeiçoamos muito nossa estrutura de gestão. Implementamos a cultura orçamentária, passamos a fazer gestão de projetos e processos. Reestruturamos muitas práticas operacionais e reformulamos o modelo acadêmico. Também mudamos a estrutura organizacional da companhia, que passou a ter papéis claros para o CEO e para o conselho de administração. Meu pai decidiu ir para o conselho e a família me indicou como CEO. Assumi em 2007. Os resultados financeiros dessa reestruturação foram muito positivos. Saímos de um prejuízo líquido de 1 milhão de reais em 2005 para um lucro líquido de 68 milhões de reais em 2007. Com uma empresa mais profissionalizada, também conseguimos alongar o prazo de pagamento da dívida, o que permitiu que continuássemos crescendo. De 2005 a 2007, nossa receita aumentou 15% ao ano.

Em paralelo a essa reorganização interna, desenvolvemos a estrutura de governança da família. Criamos um conselho familiar que não tinha nenhuma relação com o da empresa, para ajudar a administrar as nossas relações. O primeiro passo da minha escolha como CEO, por exemplo, foi dado nesse conselho. Chegamos a ter treze pessoas da família trabalhando na empresa. Nesse processo de profissionalização, ficaram só três. Ninguém determinou "você fica e você sai". Definimos quais eram as regras para cada posição: que tipo de formação, que dedicação em horas. As regras eram muito claras e as pessoas puderam optar por ficar — seguindo as regras — ou sair. A família se dá muito bem, não temos grandes questões a resolver. Assim, as conversas foram naturais e tranquilas.

No meio dessa jornada de profissionalização, tomamos uma decisão: em vez de construirmos apenas uma empresa sólida, optamos por criar uma plataforma de educação capaz de crescer via fusões ou aquisições. O objetivo era ter um modelo capaz de gerir instituições de educação com um centro de serviços compartilhados e uma área corporativa para reunir o que pode ser feito na estrutura central (como serviços administrativos), deixando nas pontas aquilo que deve ser entregue nas unidades de ensino, como as aulas. Com isso, conseguimos ganhar escala e manter o padrão de qualidade do qual não abrimos mão. Desenvolvemos um modelo que chamamos de *90 days integration*: em noventa dias, conseguimos integrar uma nova empresa, colocando-a na nossa estrutura de sistemas e processos internos. Também integramos o modelo acadêmico, buscando a melhoria da qualidade da instituição adquirida. Na época, nenhuma outra instituição de ensino tinha isso de forma tão organizada. Esse modelo, então, se tornou nosso diferencial competitivo como empresa. De 2007 a 2009, integramos várias instituições à nossa plataforma. Em 2010, já estávamos entre os dez maiores grupos educacionais do país, com um modelo de gestão integrado e sofisticado e com elevada qualidade acadêmica.

No processo de reestruturação, inovamos, também, em nosso modelo acadêmico. No passado, cada curso era uma unidade autônoma e tinha o seu grupo de alunos, que se mantinha até o final. Se houvesse evasão, o que é esperado, havia perda de eficiência, porque usávamos a mesma estrutura — salas, laboratórios, professores —

para atender um grupo menor de estudantes. Para evitarmos isso, integramos todas as matrizes curriculares e definimos as disciplinas que poderiam ser comuns a alunos de diferentes cursos. Passamos a misturar estudantes de cursos diferentes na mesma sala de aula, porque as competências que eles precisavam desenvolver eram as mesmas. Esse novo modelo foi implantado em 2007. Isso é positivo do ponto de vista financeiro por motivos óbvios. Mas é também positivo do ponto de vista acadêmico. Nós temos como objetivo formar o cidadão crítico e consciente, mas temos também a preocupação de torná-lo apto para o mercado de trabalho. O ambiente que o aluno vai encontrar no mercado de trabalho é heterogêneo, não é o de todo mundo com a mesma faixa etária, o mesmo nível de conhecimento, estudando as mesmas disciplinas. Ele vai sentar ao lado de alguém com uma formação diferente, outra idade, então emular na sala de aula o que ele vai encontrar na vida real enriquece a formação. Temos uma disciplina que se chama "Homem, cultura e sociedade": se um aluno de administração sentar junto a um de enfermagem para discutir homem, cultura e sociedade, provavelmente terá uma visão de mundo mais completa.

Um convite-surpresa

Depois da reestruturação e das aquisições, nosso grupo passou a se chamar Iuni. Havíamos definido que o patamar saudável era ter uma dívida equivalente a 2,5 vezes a geração de caixa (Ebitda),[1] e chegamos a 2,7 vezes em 2009, depois da rodada de aquisições. Pelo nosso modelo, não havia mais espaço para crescer via dívida. Tínhamos perdido a janela de oportunidade para abrir o capital que havia surgido em 2007, quando muitas empresas lançaram ações na bolsa brasileira. Perdemos porque não estávamos prontos: fomos muito incentivados pelos bancos para abrir o capital, mas sabíamos que

1 Ebitda é a sigla em inglês para lucro antes do pagamento de juros, impostos, depreciação e amortização.

ainda não estávamos preparados para dar esse passo. Não tínhamos três anos de balanços auditados, uma exigência para fazer uma oferta de ações. Poderíamos fazer isso de forma rápida, mas escolhemos fazer do jeito certo, para ter demonstrações financeiras robustas. Além disso, não tínhamos estruturas de governança corporativa consolidadas. Havíamos acabado de passar pelo processo de profissionalização e nosso novo modelo ainda estava sendo testado. Fomos responsáveis, creio que tomamos a decisão certa.

Em 2009, decidimos iniciar um processo que poderia culminar com a venda integral ou com a venda parcial da empresa, gerando uma associação que permitisse o crescimento. Tudo iria depender dos parceiros que encontrássemos pelo caminho. Tivemos dez interessados. Destes, cinco foram para a fase final e um deles era a empresa de educação Kroton. Não era a melhor proposta financeira, mas era a que fazia mais sentido do ponto de vista estratégico. Uma empresa de educação séria, com mais de quarenta anos de atuação e um grupo de controladores que aliava conhecimento profundo de educação (os fundadores) com competências de finanças e mercado de capitais (o fundo de *private equity* Advent, que era sócio da Kroton). A preocupação da Kroton com a educação de qualidade e o perfil dos sócios fizeram toda a diferença e pesaram na decisão. Era uma associação com parte do pagamento em dinheiro — o que era importante porque permitia que os membros da família que quisessem sair recebessem recursos — e parte feita em ações, o que manteve a família no setor de educação e com assento no conselho de administração da nova companhia.

Tínhamos mais ou menos o mesmo tamanho da Kroton no ensino superior, mas a Kroton também atuava no segmento de educação básica. A Kroton tinha sua origem na educação básica e era muito boa nisso: a operação era rentável e bem estruturada pedagogicamente. Mas tinha prejuízo operacional no ensino superior e não havia conseguido integrar as instituições compradas. Ou seja, era uma empresa do tamanho da nossa no ensino superior, mas que ainda não tivera tempo de passar por todo o processo de profissionalização que havíamos atravessado durante três anos. E já era uma companhia de capital aberto. O bloco de controle era dividido entre o fundo de *private equity* Advent e os fundadores da companhia. Durante a negociação para a compra do Iuni, fui convidado a trabalhar na Kroton como diretor de operações. Foi uma ótima surpresa. Meu plano original era continuar a carreira auxiliando a família na gestão dos recursos da transação. Entretanto, considerei algo que para mim era relevante: o time do Iuni era muito bom, mas, se ficasse diretamente exposto ao processo de integração, muitos não deveriam ser aproveitados; se eu aceitasse assumir a posição de COO, teria mais chance de ser um anteparo para esse pessoal e deixar que eles mostrassem serviço. Depois de alguns meses, quem mostrasse serviço ficaria, e eu poderia sair. Acabei sendo indicado pelo então CEO da Kroton — Luiz Kaufmann, profissional que admiro muito — e pelo conselho de administração para liderar o processo de integração da Kroton com a Iuni. Por causa dessa assimetria de profissionalização, os sistemas, os processos e as pessoas da empresa comprada acabaram prevalecendo. Esse foi um aprendizado importante: o de desprendimento. Os fundadores da Kroton deram todo o apoio para que a integração ocorresse dessa forma, o que demonstrou que eles realmente estavam dispostos a construir uma empresa melhor.

Depois de sete meses de integração, antes que pudesse pensar em sair, fui convidado a me tornar CEO da Kroton. Foi um processo muito rápido: de repente, eu era CEO de uma empresa de capital aberto, que era uma das maiores do setor. Assim que assumi, tomamos a decisão estratégica de apostar no processo de digitalização do ensino, com cursos à distância. Acreditando nisso, no fim de 2011, compramos a Unopar por 1,3 bilhão de reais, montante que era apenas um pouco menor que o valor de mercado da Kroton na época.[2] Ou seja, dobramos de tamanho, e continuamos fazendo aquisições depois disso — a maior delas foi a da empresa de educação Anhanguera, em 2014. Ao mesmo tempo que a companhia crescia em ta-

2 A Universidade Norte do Paraná (Unopar) é uma das maiores instituições de ensino à distância do país. Em dezembro de 2011, o valor de mercado da Kroton era de 1,6 bilhão de reais.

manho, todos os indicadores de qualidade oficiais estabelecidos pelo Ministério da Educação melhoravam sensivelmente. O mais completo deles, o IGC, Índice Geral de Cursos, passou de 60% de conceitos satisfatórios em 2009 para 96% em 2016, o que indicava que estávamos na direção certa.

Métricas, comitês e 4500 horas de trabalho

A Kroton é uma empresa de capital aberto com controle pulverizado entre diferentes acionistas, ou seja, não tem um dono no comando. A estratégia é definida pelo conselho de administração em conjunto com a diretoria executiva. Para gerirmos a empresa, utilizamos um conjunto de ferramentas de gestão e estruturas de governança normalmente utilizadas pelo mercado e as organizamos de forma a criar um modelo próprio de gestão, que chamamos de SGK — Sistema de Gerenciamento Kroton. O SGK está estruturado em quatro grandes blocos. O primeiro é o desenvolvimento da estratégia. Nessa fase, discutimos a missão, a visão e os valores, ou seja, o propósito da Kroton. Para o ano de 2018, definimos quatro grandes diretrizes estratégicas: sucesso do aluno, crescimento sustentável, eficiência operacional e transformação digital.

Feito isso, determinamos quais são as competências que todos os colaboradores precisam ter para conseguir entregar essas diretrizes estratégicas. É um processo bastante abrangente. Em 2017, ele envolveu 74 líderes da companhia, durante sete meses. Dedicamos 4500 horas de trabalho a isso. Ou seja, não é um documento feito por meia dúzia de pessoas, que depois circula pela empresa. Após o desenvolvimento da estratégia, passamos ao segundo bloco: o planejamento dessa estratégia. Nessa etapa, construímos o mapa estratégico, os modelos de longo prazo e os indicadores que compõem o *balanced scorecard*.[3] Todo gestor tem um conjunto de indicadores — financei-

3 O *balanced scorecard* é um método de gestão que tem o objetivo de medir o desempenho de empresas por meio de diversos indicadores, não apenas financeiros.

ros e acadêmicos — vinculados ao mapa estratégico da empresa, e é isso que determina quanto ele receberá de remuneração variável (bônus). A soma dos indicadores de todos os gestores tem o objetivo de garantir que a empresa conseguirá entregar os resultados previstos. Nos níveis hierárquicos mais altos, cerca de 40% da remuneração depende do desempenho individual do funcionário e 60% depende dos resultados da empresa, das metas acadêmicas e financeiras. À medida que se desce na hierarquia, maior é o peso do desempenho individual. Mas todos os funcionários que recebem bônus têm uma parte da remuneração atrelada à geração de caixa (Ebitda) da empresa e também a indicadores de qualidade acadêmica, como o Enade[4] e o IDD, Índice de Diferença entre os Desempenhos Esperado e Observado — ambos elaborados pelo Ministério da Educação. O IDD mostra quanto uma instituição de ensino superior gerou de valor para o aluno entre o momento em que ele sai do ensino médio e o momento em que sai da faculdade.

O terceiro bloco do SGK é o que compreende o alinhamento da organização e o planejamento da operação. Tem o objetivo de garantir que a estratégia seja disseminada pela empresa e que as equipes definam como vão atingir as metas. Além das ferramentas usuais que garantem uma boa execução, como o orçamento, criamos na Kroton uma estrutura de governança adicional: os comitês estratégicos. São formados apenas por membros da diretoria e neles são tomadas as decisões mais relevantes da companhia. O número de comitês varia, dependendo dos nossos objetivos. Em 2018, eram oito, divididos da seguinte forma: receita, orçamento, sucesso do aluno, investimentos e expansão, acadêmico, inovação, contingência e comunicação ao mercado. No início do ano, definimos a agenda de reuniões de cada comitê para todo o ano. Nosso processo de decisão busca sempre o consenso — e é importante ter em mente que consenso é diferente de unanimidade. É preciso tomar muito cuidado para que o CEO não

4 O Exame Nacional de Desempenho dos Estudantes (Enade) é uma prova escrita, aplicada pelo Ministério da Educação, que avalia o desempenho dos alunos de graduação e das instituições de ensino superior do país.

dirija as reuniões dos comitês, porque dessa forma eles perderiam totalmente o sentido. Se fosse para fazer isso, seria melhor desconstituir os comitês e tomar as decisões diretamente com as áreas. Não queremos isso. Queremos ter nossas verdades questionadas. Existem dois benefícios em fazer essa decisão colegiada. Primeiro: é uma decisão muito mais embasada, porque discutida por muita gente — temos em torno de nove pessoas por comitê. Além disso, a comunicação para a empresa é mais fácil, porque as pessoas entenderam e "compraram" a decisão, já que ela foi tomada por consenso. O processo decisório pode levar um pouco mais de tempo, mas vale a pena, porque cria uma companhia em que os funcionários têm a visão de dono e se sentem responsáveis pelo destino dos negócios.

O quarto e último bloco é dedicado ao acompanhamento. Mapeamos todos os processos que acontecem dentro da companhia e criamos uma ferramenta, chamada Radar, que tem a função de acompanhar de perto a operação. Os coordenadores acompanham indicadores toda semana; os gerentes, a cada quinze dias; os diretores e os vice-presidentes, mensalmente; e o CEO a cada seis meses. Nesse bloco, também temos uma diretriz, que é o "Falha zero". Toda organização tem problemas. Quando um problema é identificado no Radar, ele é encaminhado para a equipe do "Falha zero", que tem a missão de identificar a causa-raiz. Não queremos apenas resolver o problema, queremos saber o que o causou e atuar na origem para que não volte a acontecer.

Mas uma empresa não é feita apenas de processos, métricas, metas e indicadores: é feita, acima de tudo, de pessoas. São elas que, em suas relações diárias, constroem a cultura organizacional. Por isso damos muito valor às pessoas. Realizamos periodicamente pesquisas de clima e cultura, discutimos aonde queremos chegar, os comportamentos observáveis que devemos ter para garantir que esses traços culturais sejam arraigados na companhia. Temos também um processo de "cascateamento" organizado, para fazer com que toda a organização conheça e, acima de tudo, vivencie o propósito da empresa. No processo de desenvolvimento das pessoas, criamos a Universidade Kroton, que é uma plataforma de oferta de cursos para a formação de funcionários e professores. Já formamos, na nossa universidade, mais de 40 mil pessoas, o que é o equivalente à população de algumas cidades pequenas. Parte desses cursos é à distância, o que permite que tenhamos escala. Apenas em 2017, os professores obtiveram 145 mil certificações por meio desses cursos, 64% mais que no ano anterior — lembrando que um mesmo professor pode fazer cursos diferentes. Cerca de 95% dos docentes têm ao menos um certificado na Universidade Kroton.

Por fim, é importante lembrar que temos um processo claro de reconhecimento dos nossos professores. Premiamos, de diversas formas, aqueles que mostram as melhores práticas e garantem o maior engajamento dos alunos nos nossos ambientes virtuais de aprendizado. Esses ambientes compreendem os períodos pré e pós-aula. Em nossa metodologia de ensino, o aluno não chega à sala para receber conteúdo. Ele recebe esse conteúdo antes de ir para a escola e usa a aula, que é o momento nobre, quando ele está com o professor, para tirar dúvidas e discutir a aplicação daquele conteúdo em situações reais. Depois da aula, recebe tarefas para consolidar o que aprendeu. É importante que o estudante participe de todas essas etapas, e uma das atribuições do professor é garantir isso. Para podermos reconhecer esses professores, com prêmios, atribuição de maior carga horária e oferecimento de programas de mestrado, fazemos avaliações constantes, das quais os alunos também participam: fazemos uma pesquisa anual e recebemos em torno de 850 mil respostas, o que representa cerca de 85% da base de estudantes.

O desafio de ensinar alunos com perfis diferentes

Nosso modelo de negócio, no ensino superior, busca oferecer, em grande escala, um ensino de qualidade. A Kroton existe para socializar o processo de ensino e aprendizagem, para levar a educação para quem nem sonhava em fazer uma faculdade. Não é à toa que nosso propósito é "Transforme seu Futuro". No modelo acadêmico da Kroton, a qualidade é a mesma em qualquer lugar, porque nosso sistema se ensino é integrado nas 128 unidades de ensino presencial e nos 1210 polos de educação à distância espalhados pelo Brasil. Temos uma estrutura central de produção de conteúdo que fica em Valinhos, no interior de São Paulo. De lá, fazemos a gestão de vários dos melhores autores do Brasil, que elaboram o conteúdo que será usado nas aulas. Apenas em 2017, investimos aproximadamente 70 milhões de reais na produção de conteúdo. Só para ter uma ideia, produzimos mais de 31 mil horas de conteúdos audiovisuais em nossa empresa em 2017. Isso é mais do que a maior rede de televisão do Brasil produz. Se uma só pessoa parasse para ver apenas a produção de 2017, levaria mais de três anos! Todo esse arsenal é posto à disposição do professor para auxiliar seu papel no processo de ensino e aprendizagem.

Essa organização em escala permite a estruturação de conteúdos de qualidade, mas também faz que precisemos lidar com as diferenças entre os alunos — de formação, velocidade de aprendizado etc. Nesse sentido, o papel do professor é fundamental e, para ajudá-lo, investimos muito em tecnologia e implementamos soluções de *adaptive learning*, ou ensino adaptativo, em todos os nossos cursos. Por meio de perguntas e respostas, o conjunto de algoritmos do *adaptive learning* entende as deficiências do aluno, monitora como aquele estudante aprende e quais são suas lacunas de conteúdo. Com base nisso, indica um plano de estudos individual, dedicado a melhorar seu processo de aprendizado e suprir suas necessidades de formação. O *adaptive learning* ajuda a resolver outro problema, que é a evasão. Não temos um processo restritivo de entrada de estudantes, por isso só conhecemos o nível educacional dos alunos quando eles começam a frequentar as aulas. Parte dos alunos não consegue acompanhar e sai. Cerca de 75% da evasão que ocorre durante os dez semestres de um curso acontece nos dois primeiros semestres. Boa parte dessa evasão é decorrente do desestímulo de alunos que acessam o ensino superior com lacunas de formação no ensino médio, não conseguem acompanhar as disciplinas e desistem. Trata-se de um problema social e, para a Kroton, também representa um impacto financeiro. Com o *adaptive learning*, ajudamos esse estudante ofertando gratuitamente cursos de nivelamento em conteúdos básicos como matemática ou língua portuguesa. Com isso, damos aos alunos a oportunidade de continuar seus estudos.

O índice mais importante que monitoramos é o IDD. Em 2016, 85% dos nossos cursos tiveram IDDs satisfatórios, índice superior à média das universidades públicas brasileiras. Acho que isso não é percebido pela população em geral. Temos de melhorar nossa capacidade de mostrar o que fazemos para melhorar a percepção que a sociedade tem de nós. Outro dado interessante é que nossos alunos têm um aumento salarial de 80%, em média, já descontada a inflação, entre o primeiro e o último ano de faculdade. Em alguns cursos, o aumento é ainda maior: em engenharia, chega a 220%. Isso muda a vida da pessoa. Além de prestarmos ensino de qualidade, temos um papel social relevante nas comunidades em que atuamos. Nas unidades em que ofertamos cursos da saúde, oferecemos serviços gratuitos de odontologia, fisioterapia, psicologia, enfermagem, nutrição e análises clínicas, entre outros. Em muitas cidades, acabamos nos tornando grandes parceiros do Estado na solução de problemas locais. Se quantificarmos os valores desses procedimentos — que são prestados gratuitamente —, a Kroton devolveu à sociedade mais de 370 milhões de reais em serviços assistenciais, apenas nos últimos três anos. E tem mesmo que ser assim. Uma instituição de ensino precisa participar da vida de sua comunidade e contribuir para sua melhoria.

Além do trabalho realizado nos cursos de graduação, temos a Fundação Pitágoras, nosso braço de responsabilidade social, que centraliza todas as ações que fazemos junto à comunidade e tem como prioridade atuar em busca do desenvolvimento da escola pública. Os dois principais projetos da Fundação são o Sistema de Gestão Integrada — SGI — e a Aliança Brasileira pela Educação — ABE —, ambos gratuitos e totalmente voltados para a melhoria da qualidade das escolas de educação básica públicas do Brasil.[5]

---

5 O SGI é um modelo de gestão que tem como objetivo incentivar a criação de uma estratégia de ensino, com metas claras, pelas secretarias de Educação, e fazer com que essa estratégia seja incorporada pelas escolas. A ABE promove encontros periódicos

Um investimento bilionário na educação básica

O Fies, Fundo de Financiamento Estudantil, um programa público que financia alunos do ensino superior, é uma política pública muito importante num país com uma penetração ainda baixa no ensino superior. O programa é voltado para o aluno, não para as faculdades. As instituições de ensino podem optar se querem se cadastrar ou não no programa — nós nos cadastramos —, mas é o estudante que decide ou não contratar o Fies. Mas, ao mesmo tempo que é um importante facilitador para o aluno, o Fies tem alguns problemas e limitações. Os principais são os mecanismos de controle e acompanhamento da inadimplência. Hoje, as instituições de ensino não sabem qual é a inadimplência do seu conjunto de alunos e, portanto, não podem ajudar a cobrar os inadimplentes. Mas o Fies teve, sim, seu papel como impulsionador do crescimento de instituições de ensino. Em 2014, em torno de 50% dos alunos de ensino presencial, ou 25% do total de alunos de graduação da Kroton, estavam usando o Fies. Mas, no dia 29 de dezembro de 2014, houve uma importante mudança nas regras do programa que reduziu as vagas em mais de 50% no país. Aquele foi um fim de ano bem tumultuado. No dia 2 de janeiro, a diretoria se reuniu para traçar um plano de ação. E uma das qualidades que mais admiro na equipe da Kroton é a capacidade rápida de reação. Em 45 dias, passamos a oferecer aos alunos um novo sistema de parcelamento do valor das mensalidades.

Nosso parcelamento não depende de bancos. Usamos o balanço da própria companhia para ter agilidade. Estamos dispostos a investir 2 bilhões de reais para financiar nossos alunos. Sabíamos que os analistas de mercado questionariam, achando que, com a oferta de financiamento, ainda que limitado, nosso risco aumentaria, por causa do risco de não receber. Então fizemos uma provisão bastante conservadora: estimamos que 50% de quem usa o financiamento

entre diretores de escolas públicas para a troca de experiências e melhores práticas. Também incentiva a parceria entre escolas, instituições do governo e entidades do terceiro setor para criar iniciativas de melhoria do ensino.

não vai conseguir pagar, e fizemos uma provisão para arcar com essa perda potencial. De forma simplificada, chegamos a esses 50% assim: imagine que, de cada cem alunos que entram na Kroton, apenas metade se forma; os outros cinquenta se evadem. Entre os que se formam, 80% pagam o que devem; entre os que se evadem, 20% pagam o que devem. Isso dá 50% do total. É claro que fazemos análises mais complexas, semestre a semestre, com todo tipo de detalhes, mas, de forma resumida, é isso. Só vamos ter certeza desses números depois de cinco anos, quando os alunos que fizeram o financiamento ao entrar na faculdade se formarem e começarem a pagar. Como não temos dados históricos de inadimplência, preferimos ser conservadores. Essa foi a forma que nossa equipe encontrou para podermos continuar nosso crescimento em participação de mercado sem perder competitividade em preço. Para conseguir mais alunos, ou a escola reduz o preço da mensalidade ou financia o aluno. Nosso modelo de parcelamento funciona assim: em vez de pagar mil reais por mês em um curso de cinco anos, o aluno paga quinhentos reais por mês durante cinco anos e quinhentos reais por mês por mais cinco anos, corrigidos pela inflação. Não tem juros, mas esse estudante que opta pelo parcelamento não se beneficia dos descontos que quem paga a mensalidade normalmente pode ter.

Nossa política de descontos gerou uma polêmica, completamente infundada, em 2016. No fim do ano, um e-mail anônimo começou a circular dizendo que cobrávamos mensalidades mais altas de alunos que eram financiados pelo Fies. Essa afirmação não fazia o menor sentido, já que os preços são determinados por turma. As mensalidades médias de alunos do Fies eram mais altas sobretudo porque alunos do Fies escolhem cursos com preços mais altos. Mas, naquele momento, precisávamos ser absolutamente transparentes. Assim, conduzimos quinze processos de auditoria interna que analisaram, caso a caso, mais de 30 mil turmas. Com esse procedimento, comprovamos para os acionistas e demais *stakeholders* que nossos processos são robustos. Em nossa política de preços, temos alunos que são elegíveis a descontos e outros que não são, mas esse é um processo que não tem nenhuma relação com o Fies. Demos acesso a todas as informações necessárias. Esse foi um bom exemplo de como informação e transparência são fundamentais na relação entre uma companhia de capital aberto e seus acionistas.

Em 2017, o Conselho Administrativo de Defesa Econômica (Cade) vetou a fusão entre a Kroton e uma das nossas concorrentes, a Estácio. As análises concorrenciais feitas pelo Cade são complexas e abrangem uma série de fatores. A decisão negativa no caso Estácio não significa que não podemos continuar com uma política de aquisições — o órgão vetou, especificamente, a compra da segunda maior instituição de ensino superior do país, que é a Estácio, pela maior, que somos nós. Damos bastante importância ao crescimento orgânico, mas aquisições continuam sendo uma parte relevante da estratégia — e não apenas no ensino superior. Nossa expansão nos últimos anos se concentrou nas faculdades, mas nós sempre atuamos na educação básica. Essa é a origem da Kroton, que começou com o curso e colégio Pitágoras em 1966 e, durante décadas, concentrou-se de modo exclusivo em educação básica. Apenas nos anos 2000 a Kroton passou a atuar no ensino superior.

Em 2015, montamos um grupo de trabalho para analisar de novo o mercado de educação básica e, dois anos depois, tomamos a decisão estratégica de atuar de forma relevante nesse segmento. Em 2018, demos um passo importante, estrutural, que foi criar a nossa holding de educação básica, a Saber. Essa subsidiária congrega os sistemas de ensino Rede Pitágoras, Rede Educação e Valores e Rede Cristã de Educação (RCE), o Colégio Pitágoras, de Belo Horizonte (Minas Gerais), o Centro Educacional Leonardo da Vinci, de Vitória (Espírito Santo), além da operação de escolas por meio de contratos. Em 2018, a Saber também anunciou a aquisição da Somos Educação, uma das maiores empresas de educação básica do país.[6] A consumação da operação está condicionada à avaliação e à aprovação

6 A Somos é dona do grupo de ensino Anglo, da rede de idiomas Red Balloon e de colégios como o PH, no Rio de Janeiro, além de controlar as editoras Ática, Saraiva e Scipione. Em abril de 2018, foi comprada pela Kroton por 4,6 bilhões de reais. Em

prévia pelo Cade. Queremos, com a Saber, ser referência na oferta de educação de excelência para os alunos do ensino básico. Pensamos num ensino bilíngue, com foco em competências socioemocionais, usando sólidas estratégias de educação integral — desejos que são os mais presentes nas pesquisas que fazemos com pais de alunos. A Saber chega para inovar nesse segmento, por meio de tecnologia e pesquisa, a fim de formar cidadãos completos, questionadores e transformadores. Como tudo o que fazemos na companhia, trata-se de um projeto de longo prazo. Além da educação básica, nossa outra potencial vertente de crescimento é a internacionalização. Consideramos a hipótese de, no futuro, atuar na graduação em outros países, nos ensinos presencial e à distância.

Concorrência fora do setor de educação

Em 2015, utilizávamos algumas startups para prestar serviços de *adaptive learning* para a Kroton. Mas percebemos que o ensino adaptativo fazia parte do *core* do nosso negócio. Decidimos, então, adquirir uma dessas startups, a Studiare, para ter esse know-how dentro de casa. Com a transação, vieram o software e — o mais importante — as pessoas. E aí começou um interessante desconforto produtivo. Percebíamos que algumas demandas de tecnologia eram resolvidas de forma mais rápida e barata quando submetidas à Studiare, em comparação com as demandas encaminhadas à área de TI tradicional da Kroton. Aquilo me intrigou e começamos a pesquisar os motivos. Não por acaso, essa pesquisa nos levou a buscar entender o que era a já muito conhecida — e pouco vivenciada — transformação digital.

Começamos a perceber que as empresas que nasceram digitais utilizavam modelos ágeis de gestão, em que a área de tecnologia não é apenas uma prestadora de serviços para as áreas de negócio. Mas

---

junho de 2018, a compra ainda estava sendo analisada pelo Cade. Leia a história de Eduardo Mufarej, ex-presidente da Somos, a partir da p. 78.

a implantação de equipes ágeis era a ponta do iceberg, a parte visível de uma transformação muito mais profunda que as empresas que quisessem de fato se tornar digitais precisariam perseguir. E entramos nessa jornada de cabeça.

Em 2017, passamos a discutir com mais intensidade como a tecnologia vai influenciar o nosso negócio. É interessante como a resposta, quase sempre, vem sob a perspectiva do cliente — como oferecer um serviço mais digitalizado, uma experiência mais digital. Mas essa é só uma das vertentes da transformação digital, e aprendemos isso com muita imersão no tema. Passamos oito meses conversando com diversos especialistas, consultores e headhunters, que tiveram acesso a empresas que passaram — ou estavam passando — por processos de transformação digital no mundo inteiro. Ficou evidente que uma transformação digital efetiva precisa acontecer em duas perspectivas: a do cliente, no nosso caso, o aluno; e a da própria organização. Na perspectiva do cliente, ser *digital* significa tornar a experiência excepcional, utilizando todos os recursos necessários para isso, especialmente a tecnologia. Essa perspectiva é mais tangível, mais fácil de perceber. Mas ser digital é muito mais que isso. Na perspectiva da organização, ser digital significa mudar a cultura da empresa, ter processos decisórios simples, ter modelos operacionais ágeis, ter um ambiente propício à inovação. No final das contas, é uma mudança de *mindset*.

A Kroton encarou esse desafio. A transformação digital na Kroton começou por dentro, com uma alteração relevante nos modelos de desenvolvimento de sistemas. No passado, quando queríamos desenvolver um novo software, a área de negócios, que é a que tem relacionamento com os alunos, fazia uma especificação e passava para a TI, que desenvolvia e devolvia para a área de negócios. Que fazia correções, devolvia para a TI... Assim ia até ficar do jeito que o pessoal de negócios imaginou. Ou seja, as duas áreas funcionavam de forma completamente apartada, como se fossem duas empresas, uma cliente e uma fornecedora. Numa empresa digital isso não acontece. Essas companhias usam métodos ágeis de desenvolvimento, que preveem que pessoas de tecnologia e negócios atuem em conjunto, numa equipe única, para criar uma solução. É a metodologia que a Amazon, o Google e o Spotify usam. Nesse sistema, ninguém diz para a equipe de gestão o que ela tem de fazer. Em vez disso, um diretor, por exemplo, apresenta a essa equipe ágil um problema ou uma necessidade do negócio — e é a equipe ágil que vai discutir até encontrar uma solução e desenvolvê-la.

Essa metodologia foi iniciada nas startups, mas as grandes empresas, vendo que era um modelo mais eficiente, passaram a querer adotá-la. Para permitir a adoção dos modelos ágeis de desenvolvimento em estruturas mais complexas, como as grandes empresas, foi criada a metodologia SAFe, que significa Scaled Agile Framework. Explicando melhor, é a metodologia ágil estruturada para ser implementada em escala. Iniciamos em 2018 a implantação dos modelos ágeis na companhia, com apoio do SAFe, e, em meados do ano, mais de 80% das equipes de desenvolvimento atuavam de acordo com essa metodologia.

Mais importante que qualquer metodologia é a criação de uma nova cultura para que a empresa se torne digital. Deve haver mais disposição ao erro. A Kroton não é uma companhia que gosta de errar; assim, tive de começar a mudança pela minha própria cabeça: eu me convenci de que, se quero comandar uma empresa inovadora, tenho de dar espaço para as pessoas errarem. Caso contrário, as pessoas farão tudo sempre da mesma forma. Não teremos erros, mas também não teremos inovação. Se conseguirmos aprender com os nossos erros, o processo vai valer a pena.

Nossas referências não são apenas outras empresas de educação, mas todas as companhias que prestam serviços e entregam experiências ao consumidor. Quando nosso aluno entra no ambiente virtual de aprendizado da Kroton, ele não está nos comparando com outras empresas do setor. Está comparando com a experiência que tem no Facebook ou no WhatsApp, por exemplo. Quando o aluno pede um serviço administrativo, como a segunda via de um boleto, ele não nos compara com a faculdade vizinha, mas sim com a experiência de compra que tem na Amazon ou no Spotify. Ele quer uma experiência excepcional. Por isso, não adianta a Kroton ser melhor que os concorrentes diretos: em cada parte da jornada do aluno, ela precisa ser melhor do que as outras companhias que oferecem serviços equivalentes.

Reconhecemos que ainda não temos todos os atributos de uma empresa digital, mas sabemos quais são e estamos mudando para tê-los. É um caminho sem volta. Não precisamos disso para ofertar qualidade ou ser rentáveis nos próximos cinco anos, mas acredito que estamos construindo o futuro da companhia. Queremos ser a empresa de educação mais tecnológica do mundo. Temos escala, recursos financeiros, recursos humanos, disciplina e vontade para entregar essa meta.

PORTFOLIO
PENGUIN

Conheça outros títulos do nosso catálogo

FORA DA CURVA

Os segredos dos grandes investidores do Brasil — e o que você pode aprender com eles

Organização de
Florian Bartunek,
Giuliana Napolitano e
Pierre Moreau

Os investidores mais bem-sucedidos do Brasil falam sobre suas carreiras e dão valiosas lições de negócios.

Organizado pelo investidor Florian Bartunek, pelo advogado e sócio da Casa do Saber Pierre Moreau e pela jornalista Giuliana Napolitano, *Fora da curva* reúne depoimentos de alguns dos maiores investidores do país — como André Jakurski, Antonio Bonchristiano, Guilherme Aché, Guilherme Affonso Ferreira, José Carlos Reis de Magalhães Neto, Luis Stuhlberger, Luiz Fernando Figueiredo, Meyer Joseph Nigri, Pedro Damasceno e o próprio Bartunek.

No total, eles administram cerca de 80 bilhões de reais. Muitas dessas personalidades são avessas a entrevistas, mas decidiram contar a história de suas carreiras a fim de disseminar valiosas lições de negócios para o público brasileiro.

TIPOGRAFIA Arnhem Blond
DIAGRAMAÇÃO acomte
PAPEL Pólen Soft, Suzano Papel e Celulose
IMPRESSÃO RR Donnelley, setembro de 2018